초마인드

내 안의 한계를 넘어서는 인생 전략

MIND YOUR MINDSET

초마인드

마이클 하얏트 · 메건 하얏트 밀러 지음 | 임윤진 옮김

다산북스

최신 뇌과학과 인지심리학을 기반으로 한 이 책은 당신의 생각이 성공으로 향하려는 당신을 어떻게 제약하는지, 그리고 그 한계를 어떻게 없앨 수 있는지를 보여준다.

_토니 로빈스(『거인의 생각법』 저자, 비즈니스 전략가)

당신의 생각은 당신의 발목을 잡고 있는가, 아니면 당신이 나아가도록 도와주고 있는가? 이 책은 원하는 삶을 끌어가기 위해 어떻게 생각을 바꾸어야 하는지, 그리고 그 변화를 유지하기 위해 어떤 과학적 원리가 필요한지를 알려준다!

_제이미 컨 리마(뉴욕타임스 베스트셀러 『빌리브 잇』 저자)

내 오랜 지인이자 책의 공동 저자인 마이클과 메건 부녀는 책에서 설명한 원칙들을 자신들의 삶에 그대로 적용하고 있다. 진솔하고 사려 깊으며 강력하고 매우 실용적인 책으로 그야말로 필독서다!

_존. C. 맥스웰(『리더십 불변의 법칙』 저자, 리더십 전문가)

우리 모두 뇌가 속삭이는 부정적인 이야기를 들어본 적이 있을 것이다. 문제는 그 목소리가 이야기하는 것이 전부 맞는 건 아니라는 점이다! 이 책은 삶의 이야기를 바꾸는 것에 관한 것이다. 뇌를 통해 한계를 넘어서는 마인드를 장착하면 인생의 이야기를 바꿀 수 있다.

_프란체스카 지노(『긍정적 일탈주의자』 저자, 하버드 경영대학원 교수)

우리의 생각은 스스로 그 생각을 지배할 때 특히 강력해진다. 생각을 바꾸는 것만으로도 불행한 삶을 축복받은 삶으로 바꿀 수 있다. 마이클과 메건은 이 책을 통해 어떻게 과학과 전략이 당신의 생각을 바꾸고 더 나은 미래에 대해 들려주는지, 그리고 이를 통해 어떻게 성취를 만들어낼 수 있는지를 보여준다.

_데이브 램지(『돈의 연금술』 저자, 라디오 진행자)

이 책은 당신이 더 나은 생각을 할 수 있도록 끊임없는 정보와 영감을 주고 새로운 삶의 방식을 취할 수 있도록 응원한다. 이 책을 읽은 것을 절대 후회하지 않을 것이다.

_밥 고프(『사랑으로 변한다』 저자)

'모든 것은 머릿속에 있다'라는 옛말은 생각보다 훨씬 잘 들어맞곤 한다. 뇌는 우리 자신과 타인과 세계에 대한 지도를 머릿속에 그린다. 이 지도가 정확하다고 의식적으로 되뇌지 않으면 우리의 삶은 고난과 한계의 연속일 것이다. 머릿속 지도의 정확성을 믿게 되면 전에 경험하지 못한 엄청난 기회의 문이 열릴 것이다. 이 점을 상기시켜 준 저자들에게 감사를 전한다!

_헨리 클라우드(『No라고 말할 줄 아는 그리스도인』 저자, 심리학자)

뇌는 스토리텔링에 능한 기계 같다. 이 책은 일과 인생에서 더 나은 결과를 가져다줄 생각을 만들기 위해서는 뇌를 어떻게 구성해야 하는지 보여준다. 긍정적인 변화가 당신 코앞에 있다. 반드시 쟁취하기를 빈다!

_이언 모건 크론(『나에게로 가는 길』 저자)

ADHD 환자로 여러 사업체를 운영하고 있는 나는 부정적인 생각이 얼마나 스스로를 얽맬 수 있는지 경험했기에 누구보다 잘 안다. 이 책은 스스로 되뇌는 부정적 생각들이 어떻게 삶의 가장 큰 장애물이 될 수 있는지 이해하는 데 큰 도움이 된다. 마인드를 바꿈으로써 잠재력을 최대치로 끌어내 탁월한 성과를 내고 걱정 없는 삶을 살도록 실용적인 조언을 해주는 이 책에 당신은 푹 빠지게 될 것이다. 이 책은 과학과 이야기, 전략으로 가득 차 있다. 당신 삶의 궤도를 바꿀 만한 저력이 있다. 하얏트 부녀가 또 한 번 일을 냈다!

_챌린 존슨(강연 전문가, 팟캐스트 운영자)

이 책은 문제를 진단하기 위한 핵심적인 질문을 던진다. 문제 상황에 대해 당신이 되뇌는 생각이 무엇인가 하는 것이다. 정직한 성찰을 통해 선택의 폭이 한층 넓어질 것이다. 이 책을 통해 신속하고 더 나은 의사 결정과 행동을 취할 수 있기를 바란다.

_벤저민 하디(『최고의 변화는 어디서 시작되는가』 저자, 조직심리학자)

창의력 넘치는 사람인 나는 매일 내 생각을 붙잡느라 애를 먹는다. 그래서 마이클과 메건 부녀가 출간한 이 책이 감사하다. 이들은 생각을 통제하는 데 필요한 뇌과학 원리뿐 아니라 실천할 수 있는 실용적인 조언까지 제공하고 있다. 날마다 당신을 짓누르는, 종종 부정적이기도 한 생각의 융단폭격에서 당신을 구해줄 책이다. 꼭 읽어보기를 권한다!

_크리스티 라이트(작가)

위대한 사업가와 리더십 관련 고전들이 '생각'이라는 공통된 개념을 내세우는 데에는 이유가 있다. 이 책도 이러한 위대한 고전에 합류하게 될 것 같다. 마이클과 메건 부녀는 그 무엇보다 생각이 어떻게 우리를 결과로 이끄는지를 깊이 있게 탐색한다. 이 책에 소개된 원칙과 조언은 내가 마이클과 수년간 일하면서 배운 것들로, 누구든 상상하는 것 이상의 결과를 내도록 도와줄 것이다. 마이클의 책은 모두 재미있게 읽었지만 이번 책이 단연 최고인 것 같다.

_코디 포스터('어드바이저스엑셀' 공동 설립자)

사람들이 이의 없이 받아들이는 일반적인 생각을 과학자들은 '소가 간 길(cow path)'이라고 표현한다. 이런 익숙한 사고방식에 젖어 들면 많은 것을 놓치게 된다. 이 책은 당신이 기존에 달고 살던 생각들이 당신의 진전과 성공을 방해하지 못하도록 뇌에 새로운 신경 경로를 만들 방법을 알려준다. 덫에 걸린 것 같고 진흙탕에 빠진 듯할 때, 세상이 마음에 들지 않을 때, 바로 저 오래되고 익숙한 길이 문제일 가능성이 크다. 이 책은 기존의 사고 체계와 상식의 한계를 뛰어넘게 해준다.

_댄 밀러(『사랑하는 일을 시작하기까지 48일 전(48 Days to the Work You Love)』 저자)

일과 인간관계에서 더 나은 결과를 내기 위해 누구나 읽어야 할 필독서다. 지난 수십 년간 코칭과 리더십 개발에 투자해 온 사람으로서 이 책이 인간 변혁의 근간에 집중하고 있다고 단언할 수 있다. 판도를 바꿔줄 책이다!

_대니얼 하카비(『인생 계획』 저자)

마이클과 메건 부녀는 최신 과학과 수십 년의 개인적 경험을 통해 우리의 사고방식이 스스로 만드는 문제를 해결할 방안을 명확하고 강력하게 제시한다. 일과 육아, 자기계발이나 리더십 면에서 그간의 관점을 바꾸고 싶은가? 그렇다면 일단 이 책을 읽어보라. 흥미진진한 사례들과 더불어 저자의 통찰력 또한 탁월하다. 당신이 그동안 찾아 헤매던 지침서다!

_에밀리 발세티스(『관점설계』 저자)

행복을 앗아가는 부정적 생각들이 판치는 요즘 시대에 꼭 필요한 책이다. 우리 삶의 질은 스스로 되뇌는 생각들과 직접적으로 연관된다. 더 큰 자유, 목적과 만족이 있는 삶을 살도록 이 책이 도울 것이다. 절대 놓치지 말자!

_제프 고인스(『예술가는 절대로 굶어 죽지 않는다』 저자)

일이나 인간관계에서 문제에 직면할 때 우리는 위축되고 무력감을 느낀다. 다음에 무엇을 해야 할지, 꿈을 포기해야 할지 갈피를 잡지 못한다. 마이클과 메건 부녀는 최신 뇌과학과 개인적인 이야기를 통해 우리가 지나친 수많은 선택이 당신의 사고방식 속에 있음을 보여준다. 나아가 당신이 성공의 길에 오르도록 명확하고 실용적인 방법을 제시한다. 이 책을 강력히 추천한다.

_존 타운센드(『No라고 말할 줄 아는 그리스도인』 저자)

먼저 당신의 마인드에서 승리를 거두어야 일과 삶에서도 성공을 거둘 수 있다. 우리의 사고방식은 마치 정원과 같아서 부정적인 잡초를 거둬내고 긍정의 비료를 뿌려야 훌륭한 열매를 얻을 수 있다. 이 책이 그 방법을 알려주고 있기에 모두에게 추천한다! 생각을 향상시켜 커리어와 삶을 모두 끌어올릴 수 있는 도구를 이 책이 제시하고 있다.

_존 고든(『에너지 버스』 저자)

생각을 바꿔 결과를 바꾸자. 정말 간단한 명제다. 마이클 하얏트와 메건 하얏트 밀러 부녀의 책은 목표에 맞는 방식으로 생각을 설계하는 방법을 정확히 알려준다. 이 방법을 통해 당신이 원하는 모든 것을 이룰 수 있을 것이다! 성공을 원하는 사람이 갖춰야 할 가장 중요한 기술은 자신의 생각을 잘 관리하는 것이다. 이 책 덕분에 그 기술을 익힐 방법을 알게 되었다!

_줄리 솔로몬(경영 코칭 강사)

우리 스스로 되뇌는 생각들이 모든 것을 결정한다. 많은 생각을 하게 만드는 이 책을 통해 마이클과 메건 부녀는 우리에게 새로운 마인드셋을 소개한다. 그러면 우리가 머릿속에서만 꿈꾸던 것을 끄집어내어 삶에서 정말 중요한 것들을 실현할 수 있게 된다.

_로라 밴더캠(『성공하는 여자는 시계를 보지 않는다』 저자)

이 책은 난해하고 복잡한 뇌과학을 쉽게 설명하고 있다. 인간의 뇌와 생각이 움직이는 원리, 이 둘이 어떻게 행동을 유도하는지 알고 싶다면 이 책을 읽어라. 당신의 성장을 위한 진정한 청사진을 제시해 줄 것이다.

_루이스 하우즈(『그레이트 마인드셋』 저자)

삶의 질은 우리가 하는 생각들로 결정된다. 그러나 우리가 생각을 만드는 경우보다는 생각을 통해 우리가 만들어지는 경우가 더 많다. 이 덫에서 벗어나고 싶고 당신의 생각을 더 나은 것으로 바꾸고 싶다면 이 책을 읽어야 한다.

_오잔 바롤(『문샷』 저자)

나는 보통 형광펜과 볼펜을 가까이 두고 책을 읽는다. 그러나 이번에는 달랐다. 마이클과 메건 부녀는 체험을 통해서만 이해할 수 있는 엄청난 책을 썼다. 조사하거나 요약하고 메모해 가면서 읽는 것이 아니라 본능적으로 느껴야 하는 책이다. 조만간 다시 읽을 때는 볼펜이 필요할 것 같다. 통찰과 혜안, 가슴 벅찬 영감을 아름답게 표현한 그 솜씨를 제대로 만끽하기 위해서다. 꼭 읽어보고, 두 번 세 번 읽기를 권한다. 결코 실망하지 않을 것이다. 마이클과 메건 부녀에게 다시 한번 마음 깊이 감사를 표한다.

_로버트 월게머스(『남자의 인생에서 가장 중요한 한 해』 저자)

목표를 성취하고 싶을 때 생각을 제대로 파악하고 통제하는 것보다 더 중요한 기술은 없다. 마이클과 메건 부녀는 우리 뇌가 작동하는 원리를 분석해 탁월하게 설명했고, 이 과학적 원리가 우리의 사고방식을 어떻게 지배하는지 보여주었다. 일과 인간관계 그리고 삶에서 긍정적 변화를 끌어내기 위한 최고의 방법이다!

_루스 수컵(『정리가 필요한 인생』 저자)

성공을 방해하는 장벽을 허물고 당신 내면의 잠재력을 최대로 끌어낼 수 있는 힘을 가진 책이다.

_스킵 프리처드(『실수의 책』 저자)

삶의 모든 영역에서 더 나은 결과를 만들어낼 사고방식을 배우고 싶다면 이 책은 필독서다. 마이클과 메건 부녀는 자신들의 이야기를 통해 단순하면서도 통찰력 있는 방식으로 복잡한 개념에 생명을 불어넣어 독자들이 생각을 바꾸고 결과를 개선할 수 있도록 해준다.

_앤디 스탠리(『샘 올트먼의 생각들』 저자)

목표로 나아갈 때 가장 큰 장애물은 바로 우리의 생각이다! 이 책은 혜안 가득한 이야기와 유용한 정보가 가득한 실용적 지침서로서, 우리가 내면의 잠재력을 되찾고 정신적 쳇바퀴에서 벗어날 수 있게끔 해준다.

_토드 헨리(『루틴의 힘』 저자)

이 책에서 하얏트 부녀는 생각이 우리 뇌 속에서 어떻게 작동하는지 설명한다. 이를 통해 우리는 현실을 바로 보고 창조적인 해법을 찾아 목표를 성취할 수 있게 된다. 처음에는 다소 불안하겠지만, 이 책을 통해 당신은 불확실성이 어떻게 가능성이 되는지를 비로소 깨닫게 될 것이다. 나아가 일과 삶에서 마주치는 문제들에 관해 새롭고 좀 더 효과적인 해법을 찾을 수 있을 것이다.

_댄 설리번('스트래티직 코치 그룹' 설립자)

뇌가 만들어낸 이야기는 전부 조작됐다!

몇 년 전 8월 초에 마이클은 경영자 코칭 강사인 일린과 회의 중이었다. 당시 그는 세계 최대 영문 출판사 중 하나인 토머스넬슨의 CEO였다. 그날 회의 주제 중에는 지난달 회사 실적에 관한 것도 있었다.

"7월 실적은 어떤가요?" 일린이 물었다.

솔직히 실적은 그다지 좋지 못했다. 목표치에 미달해 그와 경영 팀 전체가 실망한 상태였다. 목표 달성을 위해 모두 열심히 일했지만 결국 실패했다. 그러나 이런 일은 으레 있게 마련이다. 그는 실패는 잊고 앞을 보고 나아가고 싶었다. 그러나 그 상황에서 그가 할 수 있는 말은 별로 없었다.

"목표치를 달성하지 못했어요." 그는 인정할 수밖에 없었다.

"왜 달성하지 못했죠?" 일린이 다시 물었다.

"글쎄요, 요새 시장이 워낙 어려우니까요."

마이클은 구체적으로 해명할 준비가 완벽히 되어 있었다. 관련 통계치도 꿰고 있었다.

"유가도 올랐고 금리도 올랐어요. 그래서 소비자의 주머니 사정이 나빠졌고요. 이제 고객들은 우리가 바라는 만큼 자주 서점에 오지 않아요."

할 말이 더 남아 있었다. 미국 인구청과《퍼블리셔스 위클리》잡지, 몇몇 출간물의 내용을 인용했다. 그리고 약간 희망적인 톤으로 이야기를 마무리했다.

"하려고 했던 것을 다 하지 못하긴 했지만 작년 동기 대비 수치는 여전히 높아요."

꽤 괜찮은 수치이며 믿기 힘들 정도라고 일린에게 말했지만 그녀는 수긍하지 않는 눈치였다.

"좋아요. 말씀하신 것들이 요인인 건 알겠어요. 시장이 어렵다는 것도요. 그런데 솔직히 시장은 항상 어렵지 않나요?”

다음 말을 예상하기 힘들었지만 일단 그는 동의했다. 그러자 일린이 그의 평정심을 송두리째 뒤흔드는 폭탄 같은 질문을 던졌다.

“마이클, 본인의 리더십에 문제가 있어서 이런 상황이 온 것 같지는 않나요?”

“뭐라고요?”

그녀의 질문을 정확히 이해했지만 그는 재차 물었다. 일린이 다시 질문했고 그는 한동안 말이 없었다.

“글쎄요, 저도 정확히 모르겠네요. 정말 좋은 질문인데, 무슨 말씀을 드려야 할지 모르겠습니다.”

마이클은 말을 더듬기까지 했다. 다행히 일린이 살짝 힌트를 주었다.

“문제가 바깥에 있다면 문제를 해결할 수 없겠죠. 당신은 그냥 외부 상황의 희생자인 거예요. 저는 지금 당신에게 망신을 주려는 것이 아니라 권한을 주려는 겁니다. 내 책임이라는 것을 온전히 인정하지 않으면 결코 결과를 바꿀 수 없어요.”

일린의 말에 그는 고개를 끄덕였다. 그러나 이런 이야기를 듣는 게 유쾌하지는 않았다. 그 후 몇 시간 동안 마이클과 일린은 그 질문에 관해 이야기를 나누었다. 그리고 그는 자신이 믿고 있던 이야기가 자신의 가능성을 발목 잡고 있었다는 걸 비로소 깨달았다. 그는 그저 7월 달력을 뜯어내고 8월로 나아가고만 싶어 했던 것이다. 마이클은 팀의 실적이 '바깥에 있는' 외부 요인인 시장 상황 때문이라고 생각함으로써 '안에 있는' 내부 요인인 팀 상황과 그가 써볼 수 있는 전략의 범주를 지레 한정 짓고 있었다.

유가와 금리, 고객의 주머니 사정이 진짜 문제라면 그들이 할 수 있는 일은 별로 없다. 그는 조금 전까지만 해도 완벽한 것 같던 그 '해명'이 갑자기 언짢게 느껴졌다. 의도치는 않았지만, 스스로 빠져나갈 구멍을 만든 것이 창창한 가능성의 장애물이 된 셈이었다. 7월 실적에 대한 그의 이야기는 팀의 8월 실적을 옭아매는 것이나 다름없었다. 깨달음이 강하게 그의 뒤통수를 내리쳤다. 그 이야기는 대체 어디서 시작된 것일까? 방금까지만 해도 그 이야기는 너무나 자명한 사실처럼 느껴졌다. 그러나 실제로는 아주 부분적으로만 옳았고, 마이클과 그의 팀이 그 이야기를 사실로 만들기 위해 증거를 수집하는 수고를 했던 꼴이었다.

우리 모두 한 번쯤은 이런 깨달음을 경험해 본 적이 있다. 분명 잘 아는 문제나 상황이라고 생각했는데 돌아보니 잘못 알고 있었던 적 말이다. 이렇듯 잘못된 이야기는 목표로 향하는 길을 차단하고 원하는 결과를 성취하는 걸 가로막곤 한다. 물론 문제가 바깥에 있는 것은 맞다. 그러나 그 문제에 어떻게 대응하느냐는 전적으로 뇌 속에 있다. 우리는 자주 사실을 왜곡하고 누락시키며 현실과 다른 이야기를 하곤 한다. 이 엉성한 이야기는 한동안 우리 안에서 작동하다가 그것이 사실이 아니라는 사실을 깨닫는 순간 힘을 잃는다. 우리가 최고라고 생각했던 설명이 막다른 골목이 되는 순간이다. 지금부터 우리 인생을 쥐락펴락하는 이 '마인드'에 대해 자세히 이야기해 보겠다.

2011년 메건과 그녀의 남편 조엘이 입양을 결심했을 당시, 이들은 꿈에 부풀어 준비는 뒷전이었다. 자신들이 하려고 하는 일에 대해 거의 아무런 생각이 없었다. 희망적이고 아름다울 미래에만 빠져 입양 준비는 뒷전이었다. 자신들의 계획이 앞으로 어떤 것을 필요로 하게 될지 전혀 알지 못했던 것이다. 메건이 우간다에서 몇 년 지낸 적이 있다 보니 그 나라 아이를 입양하는 쪽으로 마음이 기울었다. 절차에 다소 시간이 걸렸지만 결국 세 살인 모지스와 한 살인 조나, 두 남자아이와 연을 맺게 되었다.

두 아이에 대한 이야기는 그들 스스로 할 것이기 때문에 여기서 덧붙일 내용은 없다. 다만 지금 그녀가 할 수 있는 이야기는 생애 초기의 복잡한 트라우마는 분명 그 흔적을 남긴다는 것이다. 아이들이 우간다에서 많은 어려움을 겪은 건 분명했다. 그런데 부부의 기대와는 달리 아이들이 미국 집으로 온 후 어려움은 더 커졌다. 이해하기 힘든 문제 행동들이 이어졌다. 그녀와 남편은 아이를 키워본 부모로서 할 수 있는 모든 것을 해보기 시작했다. 그러나 그 방법들은 잘 먹히지 않았다. 입양해본 적이 있는 사람이라면 이 이야기가 무슨 뜻인지 아마 정확히 알 것이다. 문제는 점점 커지는데 해결책은 곧 바닥을 드러냈다.

"우리 이거 못할 것 같아." 어느 저녁에 메건은 눈물을 터뜨리며 남편에게 말했다. "엉망진창이야."

그녀는 황량한 도로에 버려져 낙담과 절망 사이 어딘가에 갇힌 듯한 기분이었다. 그 어떤 경우에도 아이들을 포기할 생각은 없었지만 어떻게 이 상황을 타개해 나가야 할지 도무지 갈피를 잡을 수 없었다.

메건의 아버지인 마이클은 본인이 준비가 되었을 때 비로소 필요한 것들이 눈앞에 나타난다는 이야기를 줄곧 해왔는데, 정말 그 말대로 우왕좌왕하던 바로 그 무렵에 부부는 TBRI(Trust-Based Relational Intervention, 신뢰 기반 관계 개입) 모델을 창시한 연구자이자 발달심리학자인 캐린 퍼비스(Karyn Purvis)에 대해 알게 되었다. 게다가 캐린 퍼비스가 그 주에 부부가 참석할 수 있을 만큼 가까운 곳에서 사회복지사를 대상으로 강연한다는 소식도 듣게 되었다.

메건의 어머니가 기꺼이 하룻밤 아이들을 맡아주겠다고 했고 그녀는 남편 조엘과 강연에 참석하기로 했다. 그녀는 사실 자신이 무엇을 기대하고 있는지도 잘 몰랐다. 내슈빌에서 강연장이 있는 녹스빌까지 차를 운전하고 가는 내내 불편한 마음이었다. 마치 실망하지 않기 위해서 기대치를 계속 낮추려는 듯한 느낌이었다. 함부로 기대하면 안 될 것 같은 생각이 들었다. 부부에게 도움이 필요한 것은 분명했지만, 자신들이 쏟아부은 최선의 노력이 실망스러운 결과로 이어진 지 오래였기 때문에 둘은 지쳐 있었다.

부부는 노트북과 펜, 그리고 마침내 해답을 찾을지도 모른다는 실낱같은 희망만을 달랑 안고 컨벤션 홀에 들어섰다. 그리고 정말 그들은 해답을 찾았다. 그날 부부가 들은 이야기는 모두 새로웠고 정말 큰 위안이 되었다. 퍼비스 박사가 들려준 사례들은 마치 이들의 이야기 같았다. 강연을 통해 부부가 그간 시도한 것들이 모두 실패할 수밖에 없었던 이유를 알게 되었다. 퍼비스 박사는 그 이유를 수년간의 연구와 경험을 토대로 설명해 주었다. 퍼비스 박사의 표현에 따르면 '힘든 곳에서 온 친구들'은 다른 방식으로 접근해야 했다. 박사는 여러 가지 이유를 들었는데, 그중 한 가지는 너무나 단순해서 그가 그 단어를 말하는 순간 모든 것이 퍼즐처럼 맞춰지며 비로소 이해할 수 있었다. 그건 바로 '뇌'였다.

경험치가 만들어낸 부정적인 생각들

건강하고 정상적인 발달이 진행되는 동안 아이는 인간관계와 환경 변화라는 역동적인 세계에서 성공적으로 살아남고 적응하는 방법을 배운다. 이때 배운 것들은 수많은 신경 통로와 패턴을 통해 뇌 안에 저장된다. 그런데 경험이라는 게 긍정적이기도 하지만 부정적이기도 하다는 것을 당신은 이미 알고 있을 것이다. 트라우마는 건전한 신경 패턴을 방해하고 유해한 패턴을 만들어낸다. 그리고 이 유해한 패턴 때문에 아이들은 비생산적인 해결 전략과 행동을 익히게 된다. 어느 순간부터 당신은 유치원 선생님에게 아이의 문제 행동에 대한 전화를 받게 될 것이고, 집 안 물건들이 산산조각 나 있는 모습을 보게 될 것이며, 인스타그램에 사진 한 장 정도는 올릴 수 있는 평범한 삶을 더 이상 기대할 수 없게 될 것이다.

이 사실은 비단 이들 부부의 아이들에게만 적용되지 않는다. 인간관계를 어떻게 적절하게 꾸려나가야 할지, 변화하는 환경에 어떻게 적응해야 할지 모르겠다면 당신은 지금 문제에 봉착한 것이다. 인간관계에서 공감하고 낯선 환경에서 적응하는 방법이야말로 이 책의 핵심이며 독자들이 이 책을 읽는 이유이기도 하다. 목표를 이루고 원하는 결과를 누린다는 것은 결국 살면서 누군가와 별 문제 없이 일하는 것이며 우리가 속한 환경이 끊임없이 변화하는 와중에 무사히 적응한다는 것이다. 우리는 목표를 성취하고 원하는 결과를 누리기 위해 삶에서 만나는 수많은 사람과 잘 어울려야 하고 우리가 처한 이 끊임없는 변화들을 잘 타개해 나갈 수 있어야 한다. 그러기 위한 주된 도구는? 바로 당신의 두뇌다.

아이들과 퍼비스 박사 덕분에 메건은 계획에도 없던 트라우마와 뇌에 관한 공부에 푹 빠져버렸다. 그녀는 항상 심리학에 관심이 있었고 이십대 때는 심지어 정신과 의사가 될까도 생각했었다. 이제 아이들 때문에 잠자고 있던 흥미에 다시 불이 붙었고 그 흥미는 조바심과 걱정으로 활활 타올랐다. 그녀는 신경과 관련된 거의 모든 분야에 대해 벼락치기 공부를 시작했다. 뇌가 작동하는 방식을 비롯해 뇌가 고통받고 다시 복원되는 원리, 그리고 아이들을 돕기 위해 알아야 하는 것들을 공부했다. 그녀는 결코 뇌 전문가가 아니었지만 그에 못지않게 정말 많은 전문가의 책을 읽고 그들과 이야기를 나누었다. 그 배움의 과정에서 사람들이 직면하는 거의 모든 종류의 난제는 (1) 뇌에서 비롯되고, (2) 우리가 되뇌는 생각에서 좀 더 명확히 드러난다는 것을 깨닫게 되었다.

메건은 아들들에게서 그 모습을 확인할 수 있었다. 아이들은 트라우마 때문에 유해하고 부정적인 사고 패턴을 가지게 되었고, 결국 이것이 문제 행동으로 이어졌다. 더 결정적인 것은 그녀와 조엘에게도 뇌와 관련된 근본적인 문제가 있다는 점이었다. 과거에 아이를 키운 경험을 통해 부부는 효과적인 부모의 역할이 무엇인지 알고 있다고 생각했지만 이건 크나큰 오산이었다. 이전 자녀들에게 먹혔던 방식이 모지스와 조나에게는 먹히지 않았다. 육아라는 점에서는 같아 보였던 기존 전략이 새로운 맥락에서는 전혀 적용되지 않았던 것이다. 부부의 생각은 불완전했고 일부는 퇴보적이기까지 했다. 이들 부부도 아이들과 마찬가지로 과거의 경험과 정보를 토대로 잘못된 생각을 만들고 있었던 것이다.

메건과 조엘 부부가 겪은 경험은 사실 우리 모두에게 적용된다. 우리의 뇌는 과거의 경험이나 타인에게서 알게 된 정보를 기반으로 잘못된 이야기를 자주 만든다. 이런 이야기가 연결되면 유해한 이야기나 전략으로 만들어져 우리가 원하는 결과를 얻지 못하게끔 방해한다. 그 과정이 어떻게 진행되는지는 앞으로 더 상세히 다룰 예정이다. 지금 말하고 싶은 것은 이 과정이 당신과 나, 동료들, 교회나 마트 혹은 헬스장이나 은행에서 만나는 사람들, 한마디로 모든 장소와 상황에서 우리가 만날 수 있는 이들에게 적용된다는 사실이다.

신경세포 뉴런이 만들어낸 이야기

퍼비스 박사의 강연을 들은 후에도 메건과 남편 조엘은 아이들이 트라우마를 극복할 방법을 찾는 과정에서 어려움을 겪었다. 그들은 퍼비스 박사의 권고대로 건강한 뇌의 화학작용을 촉진하기 위해 영양학적인 변화를 시도하기도 했지만 이런 조언은 아무래도 한계가 있었다. 그리고 그 무렵 그녀는 세번 피셔(Sebern Fisher)가 집필한 『뉴로피드백과 발달 시기 트라우마 치료(Neurofeedback and the Treatment of Developmental Trauma)』라는 책을 우연히 알게 되었다. 뉴로피드백은 새롭고 유익한 신경 패턴을 만들어내기 위해 뇌가 스스로를 다시 연결하고 설계하는 놀라운 능력인 신경가소성(Neuroplasticity)에 의해 좌우된다. 트라우마가 무언가를 쓰레기통에 버리면 뉴로피드백이 이를 분류해 뇌를 좀 더 나은 상태로 다시 정리한다는 것이다.

책을 다 읽고 나서 그녀는 바로 이 개념을 제대로 이해하고 활용하는 것이 자신의 아이들에게 필요한 다음 단계임을 확신했다. 이제 무엇을 해야 할까? 그녀는 바로 책의 저자인 피셔의 전화번호를 검색해 전화를 걸었다. 응답기에 녹음된 피셔의 목소리가 들렸다. 더 이상 새 고객은 받지 않고 있고 문의 메시지에도 응답하고 있지 않다는 내용이었다. 그러나 그녀는 굴하지 않고 메시지를 남겼다. 그리고 몇 주 후 놀랍게도 피셔의 회신 전화를 받았다! 그녀는 자신이 직접 도움을 주기는 어렵다고 재차 이야기하면서, 뇌 훈련이라고도 불리는 뉴로피드백 방식으로 힘든 곳에서 온 아이들을 돕고 있는 애착 전문 치료사 알리타 제임스(Arleta James)를 대신 연결해 주겠다고 전달했다.

부부는 뉴로피드백을 시작했고 엄청난 도움을 받았다. 몇 개월 만에 극적인 개선 효과를 보았다. 그러나 그들은 곧 이런 직접적인 수단 말고도 뇌를 훈련할 수 있는 다른 많은 방법이 있다는 걸 알게 되었다. 이 장의 남은 부분에서 다루게 될 네 가지 핵심 내용에 대해 이렇게 요약해 보겠다.

- 뇌에는 시냅스를 연결하고 그 사이를 흐르는, 뉴런이라 불리는 신경세포로 이루어진 거대한 연결망이 존재한다.
- 이 망의 신경 연결고리 하나하나가 우리가 생각하는 방식을 결정하고 결국 우리가 생각하는 방식 그 자체가 된다.
- 이 연결고리들이 과거의 기억과 미래의 예측을 만든다. 이런 기억과 예측이 바로 이야기다.
- 이 이야기를 통해 우리가 목표를 추구하는 방식은 물론 우리가 세상을 바라보는 방식, 나아가 세상 안에서 행동하는 방식을 알 수 있다.

다시 말해 뉴런이 이야기를 만들고 그 이야기가 우리가 목표를 달성할 수 있을지 여부를 좌우하는 것이다. 이야기를 하는 행위는 뇌가 현실을 인지하는 기능으로, 우리가 얼마나 훌륭한 이야기를 만들었느냐에 따라 우리의 성과는 달라진다. 이야기야말로 생각하고 일하는데 가장 중요한 것이다. 우리는 의미를 만들기 위해 내러티브에 의존하고 내러티브를 통해 의미 있게 행동하기를 원한다.

예를 들어 신화와 기원에 관한 이야기는 과거에 일어난 어떤 일로 인해 지금 어떤 일이 생기게 되었는지를 그리려는 시도라고 볼 수 있다. 과학적 사고와 문제 해결 방법도 이야기의 한 형태다. 'X를 하면 Y가 일어난다'는 식의 명제가 그렇다. 가설이란 세상이 이렇게 움직일 수도 있다고 예측한 '이야기'다. 우리가 경험한 최고의 상담, 치료, 일이나 인생에 관한 코칭은 결국 우리가 이야기를 잘 분류하도록 도와주는 것임을 알 수 있다.

우리의 뇌는 이야기를 하고 또 그 이야기를 행동에 옮기도록 설계되어 있다. 그러나 바로 뇌의 이런 점이 가장 큰 골칫거리가 되기도 한다. 때로는 전혀 도움이 안 되는 이야기를 받아들이고 실천하도록 유도하기 때문이다. 특히 안타까운 것은 이런 문제를 인지하는 시점이 문제가 발생하고 난 한참 뒤라는 점이다.

성공한 사람들이 놓치고 있는 것

성공한 사람들은 때때로 행동 편향의 늪에 빠지곤 한다. 아마 이 책을 읽고 있는 당신은 무슨 말인지 이해할 수 있을 것이다. (이 책을 펼친 사람이라면 한 번쯤은 성공해 본 사람일 테니까!) 성공한 사람들은 목표로 향하는 길목에서 장애물을 만났을 때 재빨리 문제를 파악하고 성급하게 해결책이나 대응 전략을 세운다.

이런 식으로 말이다. 나에게 변화를 주고 싶거나 원하는 목표에 도달하고 싶거나 혹은 지금 상황을 개선하고 싶을 때 우리는 일반적으로 내가 지금 하는 일이 맞는지, 그 일을 잘하고 있는지 그리고 그 일을 충분히 하고 있는지 묻는다. 그리고 이 문제를 해결하기 위해 내가 무엇을 할 수 있는지를 묻는다. 그렇게 우리는 바로 계획 짜기에 돌입한다. 이렇듯 우리의 뇌는 항상 우리가 무언가 행동을 하게끔 설계되어 있다.

물론 이런 접근 방식은 보통 효과가 있다. 잘나가는

사람이라면 문제 파악 능력도 꽤 훌륭할 것이다. 전략들 역시 효과적일 가능성이 크고, 그 전략들을 미세하게 조정해 별 탈 없이 최고의 결과를 끌어낼 수 있을 것이다. 대부분의 문제가 이런 식으로 해결되기 때문에 우리는 성공이 전략과 수행으로 좌우된다고 믿게 된다. 생산성 향상 시스템들이 인기가 있는 이유도 이 때문이다. 사람들은 제대로 된 기술을 배우면 업무를 더 잘 수행할 수 있다고 생각한다. 물론 맞는 말이다. 전략과 전략의 수행은 매우 중요하다. 그러나 그것만이 전부는 아니다.

전략을 최적화하고 그 전략을 수행하는 방식을 개선했다고 해도 여전히 메우지 못한 괴리가 있을 것이다. 전략과 수행으로도 문제가 해결되지 않는 상황에서 우리는 막다른 골목을 맞닥뜨리게 된다. 건강상 문제, 인간관계 문제, 회사에서의 문제를 효과 없는 전략 수행을 통해서만 해결하려고 하면 안 된다. 순간의 열정과 돌파력만으로 해결할 수 없는 문제들도 있다. 이럴 때 우리는 한 발짝 물러서야 한다. 우리가 무엇을 '하고' 있는지를 생각하기 전에 우리가 무엇을 '생각하고' 있는지를 생각해야 한다. 열정과 돌파력 말고 우리에게 필요한 다른 무엇인가가 있다면, 그것이 바로 직면한 문제 자체에 대해 우리가 만들어낸 이야기다.

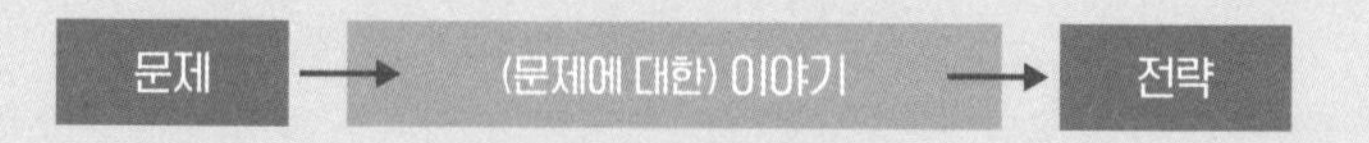

문제에 대해 우리가 만들어낸 이야기가 항상 우리의 전략과 결과를 좌지우지하게 될 것이다. 문제를 효과적으로 해결하기 위해서 우리는 문제의 본질을 제대로 이해할 필요가 있다. 그리고 바로 이 지점에서 행동 편향이 방해가 될 수 있다. 이야기가 때때로 우리 눈에 잘 보이지 않는 것이다.

결국 우리가 처한 상황에 대한 이야기를 토대로 우리의 전략이 세워지게 된다. 그렇다면 효과적인 전략을 세우기 위해서 우리는 현실을 정확히 이해해야만 한다. 그게 힘들다면 적어도 독이 되지 않을 정도의 정확성은 확보해야 한다. 이럴 때는 약간의 과신이 도움이 되기도 한다. 이야기가 전략을 이끌고 전략이 결과를 이끈다. 과학자가 가설을 연구의 전제로 삼듯이 우리는 우리의 이야기를 전제로 깔고 가야 한다.

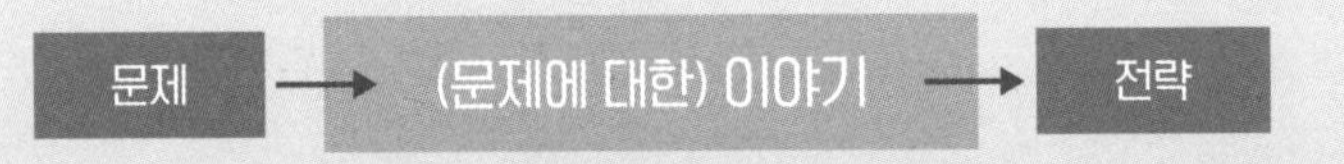

그러면 우리 이야기의 본질을 알 수 있게 되고, 이야기가 효과적이지 않을 때는 나에게 좀 더 큰 힘을 실어줄 수 있는 다른 이야기를 만들 수도 있게 된다. 책 첫머리에서 언급한 사례를 다시 보자. 일린이 마이클에게 "본인의 리더십에 문제가 있어서 7월 실적을 달성하지 못한 건 아닌가요?"라는 폭탄 질문을 던졌을 때 이 과정이 시작되었다. 일린은 마이클의 이야기가 수면 위로 드러나게끔 해주었다. 그전까지 마이클은 그 이야기가 자신의 인식에 어떻게 작용하는지, 그리고 어떤 방식으로 회사의 실적을 갉아먹고 있는지 보지 못했다. 실적 부진에 대한 그의 근거는 현재와 미래 모두의 가능성을 제한하고 있었지만, 당시에는 그저 과거 사실에 관한 깔끔하고 설득력 있는 설명쯤으로 느껴졌다. 일린의 폭탄 질문은 마이클이 만들어낸 이야기의 진실을 있는 그대로 드러냈다. 그것은 실제 일어난 사실에 대한 설명이라기보다는 그와 팀의 자율성을 앗아가는 과거에 대한 무기력한 변명에 가까웠다.

이렇듯 인생의 골칫거리를 해결하기 위해서는 자신이 처한 상황에 대해 어떤 이야기를 하고 있는지 자문하는 것이 정말 큰 도움이 된다. 자문을 통해 새로이 구성된 이야기는 현실과 만들어진 이야기 사이의 괴리를 메워 문제에 대한 좀 더 나은 해결책을 알려줄 것이다. 더 나은 결과를 원한다면 우리의 이야기가 더 나아져야 한다. 그러려면 우리는 다시금 뇌에 대해 알아봐야 한다.

해로운 이야기의 위험한 중독성

이야기는 단순히 뉴런이 만들어낸 산물이 아니다. 이야기와 뉴런은 상호적으로 영향을 주고받는 관계다. 우리가 이야기를 개선하면 뉴런의 패턴이 바뀌게 되고, 이어서 문제 해결과 혁신, 그리고 개인적 성장과 회복을 위한 새로운 길이 열리게 된다. 이야기가 현실을 결정한다면 이야기를 더 좋게 만들어서 현실을 개선할 수도 있을 것이다. 그래서 우리는 뇌를 새로이 설계하는 긍정적 피드백 순환 구조를 만들게 된다. 이것은 우리를 더욱 강인하고 회복력 강한 존재로 만들어줄 것이다.

예를 들어 당신이 해결해야 하는 문제가 있어서 이 책을 집어 들었는데 지금까지 읽은 부분에서 마음에 드는 솔루션을 찾지 못했다고 가정해 보자. 당신의 문제는 일적인 문제일 수도 있고 개인적인 마음의 문제일 수도 있고 인간관계 문제일 수도 있다. 이루고 싶은 하나 혹은 여러 개의 목표에 발목이 잡혀 있는 상태일 수도 있다. 아니면 당신은 거의 모든 방면에서 성공했지만 여전히 잠재력을 100퍼센트 발휘하지 못한 채 안주하고 있다는 불편한 느낌을 가지고 있을 수도 있다. 당신이 누구든지 간에 지금 상태에서 벗어나 다음 단계로 나아가기 위한 방법은 마찬가지다. 당신이 되뇌고 있는 그 생각을 바꿔야 한다. 그리고 그 생각은 바로 뇌에서 비롯된다.

뇌는 약 1000억 개의 촘촘한 뉴런 망으로 구성되어 있다. 이 숫자는 은하수에 존재하는 별의 개수와 비슷하다. 그리고 각각의 뉴런은 뇌의 다양한 부분에 존재하는 1000여 개의 서로 다른 뉴런과 연결되어 있다. 따라서 연결된 뉴런 고리는 100조 개에 이른다. 이야기와 그 이야기를 구성하는 모든 생각은 바로 이 연결된 뉴런들에서 탄생한다. 그래서 우리가 가정해 볼 수 있는 이야기의 숫자와 이야기를 토대로 적용할 수 있는 전략의 개수는 실제로 무한에 가깝다. 기자인 스티븐 존슨(Steven Johnson)은 이렇게 적기도 했다.

"웹상에 약 400억 페이지 정도가 존재하고 페이지마다 약 열 개의 링크가 있다고 가정하면, 우리는 사실상 전체 웹상에 존재하는 것보다 더 많은 내용을 우리 두뇌 속에 꽉 담고 있다고 보면 된다."

그런데 우리가 할 수 있는 생각에 실제로 제한이 없다면 왜 우리는 해로운 생각에 매번 사로잡히고 성취에 방해만 되는 쓸데없는 이야기들을 만드는 것일까? 예를 들어 왜 내가 알고 있는 육아법이 모든 아이에게 예외 없이 적용될 것이라고 가정하거나, 시장 상황을 통제할 수 없다면서 무기력한 재정 관리를 하는 것일까? 우리는 왜 이런 식으로 스스로 발목 잡히기를 자처하는 것일까? 마이클과 메건 부녀가 뇌과학 공부와 전문적인 경력 코칭을 하면서 깨닫게 된 한 가지는, 많은 이가 자신의 생각이 어디에서 시작되고, 그것이 이어지는 생각과 문제 해결 방식에 어떤 영향을 끼치는지 전혀 모른다는 것이었다.

도움이 되지 않는 대부분의 생각은 이미 우리의 의지나 의식과 상관없이 움직인다. 우리 뇌는 소위 '라벨링'을 통해 문제를 규정하는 것에 탁월한데 이 작업은 보통 광활한 무의식 속에서 이루어진다. 그래서 우리는 거의 모든 생각을 당연하게 받아들인다. 그리고 우리 뇌는 이러한 생각들을 확정된 사실로 받아들이고 깊게 고민하지 않는다. 고민이 필요한 순간에조차 고민하지 않는다!

이전 경험을 기반으로 해결책을 생각하면 단순하고 명료해 보일 수 있다. 예를 들어 끊임없이 지각하는 직원은 태도에 문제가 있다고 짐작하거나, 판매 실적이 저조한 것을 마케팅 팀의 노력이 부족한 것으로 생각할 수 있다. 마음에 드는 남자가 문자에 답장하지 않는다면 나에게 관심이 없어서라고 단정할 수도 있다. 이전에도 경험한 적이 있어서 우리는 이런 경우 어떻게 사고하고 행동해야 하는지 분명히 안다고 생각, 아니 착각한다. 이 모든 과정은 무의식적으로 일어난다. 그리고 이러한 가정은 자주 맞아떨어지기 때문에 이에 기반한 해결 과정도 대체로는 성공적이다. 그런데 뇌가 사실은 우리가 원하는 곳으로 우리를 안내하지 못한다면 어떻게 해야 할까? 이 모든 과정의 근원으로 되돌아가 봐야 하지 않을까?

탁월한 성과를 위한 3단계

심리학자 티머시 윌슨(Timothy Wilson)은 이렇게 말한 적이 있다.

"우리는 모두 자신의 행동을 바라보는 관찰자이며 그 관찰을 통해 우리 자신에 대한 결론을 내린다."

여기에는 우리가 만들고 되뇌는 생각도 포함된다. 무심코 한 생각이 사실은 우리를 쳇바퀴 돌게 한다면 생각을 다시 확인해 봐야 한다. 그렇다면 어떻게 확인할 수 있을까? 다른 관점에서 뇌가 하는 이야기를 살펴보고 힘을 줄 수 있는 좀 더 나은 이야기를 생각해 내야 한다. 그러기 위해 다음의 3단계를 제안하려 한다.

첫째, 먼저 문제와 그 문제에 대한 생각을 파악하라. 개선은 '인식'에서 시작된다. 메건은 방식이 잘못되었음을 파악하기 전까지 아이들에게 필요한 도움을 찾을 생각조차 하지 못했다. 책을 여기까지 읽은 당신에게도 축하한다는 말을 전하고자 한다. 당신도 이 첫 번째 단계를 이미 시작했기 때문이다.

둘째, 생각에 의문을 제기하라. 우리가 보았다시피 뇌는 허구의 이야기를 만들어내기도 한다. 그래서 우리는 사실과 단순한 의견, 가정과 짐작을 구분할 수 있어야 한다. 생각보다 의견이나 가정인 것들이 우리 머릿속에는 많다. 마이클이 일린에게 7월 실적치를 달성하지 못한 것에 대한 자신의 생각을 말할 때 그는 필요한 모든 근거 자료를 가지고 있었다. 그러나 사실 그는 편리하지만 비생산적인 결론에 이르기 위해 일부 사실을 채택하고 나머지는 배제했을 뿐이다. 일린이 그의 생각을 파악하고 의문을 제기한 순간 그는 현실을 좀 더 새롭고 유리한 방식으로 바라볼 수 있게 되었다.

물론 이 과정이 늘 편안한 것은 아니다. 우리는 자주 우리의 결론이 확실하다고 단정하는데, 이 결론에 이의를 제기하는 것이 왠지 불안하게 느껴질 수 있다. 그러나 더 나은 해결책으로 나아가기 위해서는 불확실성의 불편함을 기꺼이 수용해야 한다. 성공은 이런 자세에서 비롯된다. 여기까지 왔다면 이제 마지막 단계가 남았다.

셋째, 더 나은 생각을 설계하라. 우리가 잘못 만들어 내고 있던 이야기를 인식하게 되면 새로운 방향과 해결책을 찾기 위해 언제든 우리 뇌 속 역량을 활용해 생각을 재구성할 수 있다. 새로운 해결책을 찾기 위해 우리는 외부로 눈을 돌리게 될 것이고 주변인들에게 새로운 생각에 대한 조언을 구할 수도 있다. 물론 해결책은 단번에 찾아지지 않을 것이다. 메건이 아이들과 관련해 도움을 얻었던 것처럼 새 아이디어와 다음 단계를 연쇄적으로 쫓아가다 보면 구해지는 경우가 많다.

이렇듯 뇌의 연결망이 어떻게 작동하는지, 우리의 생각이 어디서 비롯되는지, 그 생각이 우리의 결정에 어떤 영향을 미치는지를 '인식'하고 나면 우리는 자신의 생각에 '의문을 제기'할 수 있다. 그러면 비로소 그 연결망을 다시 '설계'할 수 있고 뇌를 훈련해 더 나은 해결책을 이야기하며 나아가 탁월한 성과를 일궈낼 수 있다.

한계를 넘어서는 초마인드 전략

이 책은 당신의 마음이 어떻게 작동하는지를 보여줄 것이다. 그리고 생각의 작동 원리를 이해함으로써 현실을 좀 더 명확히 보고, 원하는 목표를 이루기 위해 더 나은, 더 창의적인 해결책을 찾을 수 있게 도와줄 것이다.

지금 당신은 어떤 문제에 봉착해 있는가? 내면을 어떻게 변화시키고 싶은가? 어떻게 일하고 싶은가? 아니면 세상에 어떤 변화가 있기를 바라는가? 당신은 생각을 관리하고 창의적인 해결책을 발견해 삶에서 아주 특별하고 훌륭한 결과를 성취해 낼 수 있다.

우리네 삶이 틀에 박혀 쳇바퀴처럼 돌아가게 되는 이유는 뇌가 다양하고 도전적인 경로보다는 좁지만 익숙한 경로를 선호하기 때문이다. 뇌는 익숙함에서 안정을 느끼기 때문에 예전에 항상 효과가 있었고 여러 번의 시도를 통해 검증된 신경 연결고리들에 의존한다. 게다가 인간은 생물학적으로 불확실성을 회피하도록 프로그래밍되어 있어서 인간의 기본적 성질을 문제 삼는 것은 실존적인 위협으로 느껴질 수도 있다.

그러나 이 책에서만큼은 희망적인 소식을 전하고 싶다. 뇌가 작동하는 원리와 더 창의적이고 효과적인 생각을 해내는 방식을 이해하면 이 모든 것이 바뀔 수 있다. 불확실성은 혼돈이 아닌 가능성으로 우리를 이끈다. 적극적으로 세상과 소통하며 필요에 따라 자신의 마인드를 재구성할 수 있다는 자신감은 확실성보다 훨씬 더 가치 있고 든든한 자산이다. 변화의 불가피성을 수용하고 나면 굳이 효과 없는 전략이나 행동 방식에 연연할 필요가 없다. 대신 변화가 야기하는 것이 무엇이든 그저 받아들이면 된다.

물론 그 반대의 경우도 가능하다. 생각을 재구성하는 역동적인 과정에 뛰어들어 새로운 해결책을 상상해내기를 끝내 거부할 수도 있다. 그러나 당신이 그런 선택을 한다면 자신을 포기하지 않을 부모가 필요한 아이들은 어찌 될 것인가? 또 더 나은 성과를 위해 고민해 줄 리더가 필요한 회사들은 어찌 될 것인가? 무엇보다 당장 오늘 직면한 문제들을 당신은 어떻게 해결할 참인가?

그래서 우리는 이 책으로 당신을 초대한다. 불확실성의 어려움을 인정하고, 당신을 수동적으로 만드는 공포에 저항하여고, 열린 가능성을 수용하며, 당신의 발목을 붙잡는 생각을 뒤집도록 한다. 이 모든 것을 가능하게 하는 마음, 초마인드를 장착하고 싶지는 않은가? 이 초대에 응한다면 일과 삶에서 놀라운 변화가 당신을 기다리고 있을 것이다. 관성대로 부정적인 생각에 조종당할 것인가, 용기를 내 인생을 새롭게 설계할 것인가? 답은 이 책 안에 있다. 당신의 인생을 송두리째 뒤흔들 탁월한 인생 전략이 탄생했다.

더할 나위 없이 설레고 만족스러운 삶의 방식이 눈앞에 있다. 이제 조금만 더 손을 뻗으면 된다. 다음 장에서 우리는 어떻게 그토록 원하는 목표에 도달할 수 있는지 이야기를 시작하려 한다.

차례

3장

초마인드로 사고하라

설 계 하 기

MIND
YOUR
MINDSET

1장

나를 지배하는 그 목소리

인 식 하 기

뇌는 어떻게
이야기를 만들어내는가

지난 수십 년간 마이클은 수천 개의 회의와 세미나, 강연 등에 참석했다. 개중에는 아주 설득력 있는 강연자가 있는가 하면 형편없는 이도 있었고 관중과의 소통이 탁월한 이도, 최악인 이도 있었다. 마이클 역시 공개 강연을 많이 하는 사람이기 때문에 강단에 선 강연자의 모습을 항상 유심히 지켜본다. 관중석에서 강연을 들을 때도 있고 무대 뒤에서 자신의 차례를 기다릴 때도 있는데, 그럴 때마다 그는 항상 메모를 한다. 대부분의 경우 강연자가 말하는 콘텐츠 자체에 집중하지만 그들이 내용을 전달하는 방식과 기술에도 주목한다. 배울 점이 있는지 혹은 절대로 해서는 안 될 것이 있는지 보기 위해서다.

그중 기억에 남는 강연자가 한 명 있다. 강연자는 리더십 관련 회의에 참석한 유수 기업의 CEO였는데 자신이 강연에 정말 소질이 없다는 말로 강연을 시작했다. 그리고 이후 한 시간가량 이어진 강연에서 그 말을 여실히 증명했다. 강연자는 횡설수설하다가 옆길로 새기도 하고 논리의 흐름을 포기한 채 말을 바꾸기도 했다. 함께한 동료 중 한 사람은 그를 '폭주 기관차'라고 표현하기도 했다. 딱 봐도 그는 거의 준비를 하지 않은 듯 보였다. 연습도 하지 않은 것이 분명했다. 관중석을 둘러보니 많은 이들이 핸드폰을 만지거나 출구를 바라보고 있었다. 상황을 보고 있자니 마음이 영 좋지 않았다.

그러나 어찌 보면 당연한 결과였는지 모른다. 강연자는 처음부터 자신이 강연에 소질이 없다고 경고했다. 무대에 오르기 전부터 그 사실을 마음속 깊이 새겼고 결국 자기 예언이 실현된 것이다. 그는 스스로에게 기대하지 않았고 그 결과 준비할 생각도 하지 않았다. 어차피 못할 것인데 무슨 준비가 필요했겠는가? 무슨 의미인지 모르겠지만 그는 자신이 '소질'이 없다고 했다. 그 강연자는 자신의 뇌가 만들어내는 이야기의 희생양이 된 것이다. 지금부터 뇌 속 이야기를 만들어내는 존재에 '내레이터'라는 이름을 붙여보려 한다. 이 내레이터는 우리 머릿속에 살면서 우리 삶의 사건들에 대해 실시간으로 이야기를 풀어나간다. 또 과거의 사건들을 제대로 이해하기 위해 다시금 살피기도 하고 미래에 찾아올 사건에 대응하기 위해 앞을 내다보기도 한다. 그런데 가끔은 이 내레이터가 우리를 자멸로 이끌기도 한다. 이 안타까운 강연자 이야기를 메건의 관점에서 다시 풀어보겠다.

학창 시절 메건은 사람들 앞에 서서 어떤 식으로든 소통하는 것을 너무나 두려워했다. 그 시작은 고등학교 시절의 발표였다. 갑자기 자신의 목소리가 떨리는 것이 느껴지자 불안감이 엄습했다. 자신을 안전하게 보호하고자 했던 그녀 안의 내레이터는 그날 이후 메건에게 대중 앞에서 말하는 것은 위험하다는 이야기를 주입했다.

그녀의 이 공포는 고등학교 3학년 때 자료를 띄우고 발표를 하던 친구가 교실 밖으로 뛰쳐나가는 것을 본 뒤 더욱 악화되었다. 그녀가 친구를 발견했을 때 친구는 겁에 질린 채 화장실에서 수치심에 흐느끼고 있었다. 그녀는 결코 그런 일을 겪고 싶지 않았다. 이십대가 되었을 때 메건은 그 어떤 경우에도 사람들 앞에서 목소리를 내지 않으려고 노력했다. 심지어 여섯 명에서 여덟 명 정도 되는 소그룹 성경 모임에서조차 문구를 큰 소리로 읽지 못했다. 하려고 할 때마다 누군가 목을 조르는 것 같은 느낌이 들었다.

메건은 강연을 해야 하는 기회를 어떻게든 피했다. 참석한 회의에서 말을 하지 않아 스스로 성장할 기회를 걷어찼고 담당 업무 중 대중 강연이 들어가 있으면 승진마저 포기했다. 책을 출판하게 되면 관련하여 대중 강연을 해야 한다는 사실을 깨닫고 집필 작업을 중단하기도 했으며, 모임에서 자신이 가장 전문가라는 사실을 알면서도 의견 말하기를 꺼렸다. 그녀는 사람들 앞에서 말할 때 반드시 경험하게 되는 공포감을 피하기 위해 자신의 목소리를 억눌렀다.

내레이터는 메건에게 목소리를 내어 말하거나 무대에 올라서면 분명 무너져서 망신을 당하게 될 거라고 말하고 있었다. 더 큰 문제는 그 내레이터가 그녀에게 큰 문제가 있다며 말하고 있었다는 것이다.

'나는 소질이 없어.'

'나는 분명히 실패할 거야.'

'무대에 올라가 말하는 것은 위험해.'

'나한테 무언가 문제가 있어.'

이런 이야기들은 도대체 어디서 비롯된 것일까? 먼저 세상에서 가장 오래된 이야기로 시작해 보고자 한다. 이스라엘계 미국인인 인지컴퓨터과학자 주디어 펄(Judea Pearl) 박사가 발견한 놀라운 무언가로 시작해 보겠다.

사실이 아닌 변명을 말하는 사람들

당신이 유대교나 기독교도 혹은 이슬람교도라면 아담과 이브의 이야기는 익히 알고 있을 것이다. 아담과 이브는 이 종교들의 가장 근간이 되는 이야기다. 그리고 이제 이 이야기는 문화 전반에 깊숙이 파고들어 있어 다른 종교를 믿거나 종교가 없는 이들에게도 친숙하다. 아담과 이브의 이야기는 선악과를 금지한 하나님의 지시를 처음으로 어긴 우리 선조에 관한 이야기다. 그런데 펄 박사는 이 이야기에서 인간의 생각이 작동하는, 어딘가 이상한 메커니즘을 발견한다. 펄 박사가 아담과 이브 이야기를 처음 접한 것은 이스라엘에서 학교에 다닐 때다. 이스라엘 학생들은 이 이야기를 1년에 여러 차례 읽는다. 한 번, 두 번, 세 번 읽을 때까지도 별다른 점을 눈치채지 못했다. 펄 박사는 이렇게 회상했다.

"『창세기』를 100번 정도 읽다 보니 그 오랜 세월 동안 제가 놓치고 있었던 미묘한 뉘앙스를 인지하게 되었습니다."

모두 이 이야기를 잘 알고 있을 테니 당신도 펄 박사처럼 이상한 점을 찾아낼 수 있는지 확인해 보자.

> 하나님께서 에덴동산 가운데 선악과나무를 심으시고 아담에게 그 열매를 금하신다. 그때 뱀이 나타나 이브에게 금지된 열매를 먹어보라 유혹하고, 꼬임에 빠져 선악과를 먹은 이브는 아담에게도 같이 먹을 것을 권해 결국 둘 다 선악과를 먹게 된다. 얼마 지나지 않아 하나님이 이 둘을 찾으시고 간단한 질문을 던진다.
>
> "어디 있느냐?"
>
> 하나님의 질문은 분명 사실을 묻고 있다. 특정 장소를 묻고 있다. 여기에 대한 아담의 대답은 '여기입니다' 혹은 '왼쪽에서 세 번째 야자수 옆입니다'여야 맞다. 그런

데 아담은 '장소'를 답하지 않고 '이유'를 답한다. 단순한 사실을 답하지 않고 그는 다음과 같이 해명한다.

"동산에서 당신의 소리를 듣고 알몸인 것이 두려워 숨어 있었습니다."

그러자 하나님이 연이어 질문을 던진다.

"누가 네가 알몸인 것을 일러주더냐? 내가 금한 선악과 열매를 먹은 것이냐?"

역시 단순한 사실을 요하는 질문이다. 아담은 그저 다음과 같이 대답했으면 되었다.

'네, 열매를 먹었습니다. 알몸인 것은 조금 있다가 저 스스로 깨닫게 되었습니다.'

그러나 아담은 질문을 회피하고 다시금 해명을 이어간다.

"당신께서 저와 함께 살라고 보내신 여자가 그 금단의 열매를 저에게 주기에 제가 그것을 먹었습니다."

그러자 하나님이 이브에게 물었다.

"너는 무슨 일을 저지른 것이냐?"

역시나 단순한 질문이다. 단순하게 다음과 같이 대답할 수 있었을 것이다.

'제가 열매를 먹었고, 그러고 나서 아담에게 열매를 주

었습니다.'

그러나 이브 역시 해명을 시작한다.

"뱀이 저를 꾀어서 제가 먹었습니다."

이 이야기를 살펴보면 흥미로운 패턴이 나타난다. 아담과 이브 모두 질문에서 요구한 사실 이상의 어떤 '해명'을 한다. 도대체 이것이 의미하는 것은 무엇일까? 펄 박사는 이렇게 주장했다. 우리 인간은 세상이 무미건조한 사실로만 이루어진 것이 아니라 애초부터 인과관계라는 복잡한 끈으로 얽히고설켜 있음을 깨달았다고 말이다. 나아가 무미건조하고 단순한 사실이 아닌 인과관계에 대한 해명이 우리 지식의 큰 비중을 차지한다고 말이다.

인간은 '왜' 어떤 일이 발생하고 '왜' 자신이나 타인이 특정한 행위를 하는지를 이해하고 해명하려는 기본적 욕구를 가지고 있다. 그러나 우리가 알고 있는 대부분의 것은 사실이 아니다. 사실에 대한 우리의 의견이거나 가정 혹은 가설, 즉 이야기다. 이것은 어쩔 수 없는 인간의 본성이다. 뇌 역시 개념 간 인과관계를 구축하도록 설계되어 있다. 우리는 결국 내러티브를 생성해내도록 만들어져 있다. 이를 제일 잘 관찰할 수 있는 집단이 바로 어린아이들이다.

모든 생각의 시작, 개념

어린아이들에게 세상은 이상하고도 수수께끼 같은 곳이다. 우리는 모두 강한 본능만을 지닌 채 세상에 태어난다. 숨쉬기 능력과 안정감에 대한 욕구를 빼고 나면 태어난 직후의 인간은 할 수 있는 것이 별로 없다. 아이들은 경험이 없기 때문에 세상이 어떻게 돌아가는지에 대한 이해도 없다. 오븐이 뜨겁다는 것, 고양이에게 날카로운 발톱이 있다는 것, 그리고 바비큐는 (멤피스, 오스틴, 캔자스시티에는 미안하지만) 내슈빌이 최고라는 것을 알지 못한다. 아이들은 살아가며 이런 것들을 비로소 배우고 경험하게 된다. 이 책의 공동 저자인 마이클과 메건은 이 놀라운 배움의 과정을 메건의 딸이자 마이클의 손녀인 나오미에게서 관찰하고 있다. 이제 막 두 살이 된 나오미는 쫓아갈 수 없을 정도로 엄청난 속도로 새로운 것들을 흡수하고 있다. 아이가 개념과 개념 사이를 연결하는 것을 보면 항상 놀랍고 새롭다.

나오미의 '하부지('할아버지'의 어린아이 발음)'는 작은 보트를 하나 가지고 있다. 어른들이 호수에 관한 이야기를 나누다 보면 나오미는 '하부지 보트!'라고 외치곤 한다. 나오미가 하부지와 보트와 호수, 이 세 개념을 그녀만의 방식으로 연결한 것을 알 수 있다. 보트가 있는데 하부지와 뭔가 관련이 있고, 하부지와 보트는 우리가 호수에 놀러 가면 볼 수 있다는 사실을 파악한 것이다.

이런 일은 날마다 일어난다. 어떤 날은 취침 시간을 앞두고 나오미가 자신이 좋아하는 책 제목을 쭉 읊으면서 "책 읽어줘"라고 말한다. 그러면 메건은 "'주세요'라고 해야지" 말하고 나오미는 바로 이렇게 고쳐서 말하곤 한다.

"책 읽어주세요."

이 과정을 살펴보면 나오미는 경험하면서 알게 되는 다양한 개념과 연결고리 그리고 맥락을 바로바로 습득하고 있다. 이 과정은 모두에게 적용된다. 회사에서 새로운 업무를 처음 배웠을 때, 새 애플리케이션이나 기계를 사용했을 때, 혹은 처음 만난 사람과 커피 한잔을 마셨던 때를 떠올려 보자. 새로운 무엇이나 누군가를 대면하게 되면 당신은 새로운 개념을 알게 되고 그 개념들이 어떻게 연결되어 작동하는지를 배우게 된다. 이때 바로 우리의 뇌가 뉴런 연결망 안에서 생각들을 서로 연결하고 있는 것이다.

'개념'이란 우리가 세상을 파악할 때 필요한 가장 기본적 도구다. 뇌세포 간 연결고리인 시냅스가 뉴런과 특정한 유형으로 연결될 때 바로 이 개념이 뇌 속에 형성된다. 뇌 속 뉴런은 세상과 세상에 대한 생각을 규정하고 추적하는 것을 돕는 일을 주로 맡고 있다. 그래서 신경과학자들은 이 뉴런을 '개념 세포'라고 부른다. 과학 저술가이자 물리학자인 레너드 믈로디노(Leonard Mlodinow)는 인간이 사람과 장소, 사물뿐 아니라 승리와 패배 같은 개념에 대해서도 관련 세포망을 가지고 있다고 말했다.

나오미 같은 영유아들은 엄청난 속도로 새로운 개념을 습득하기 때문에 끊임없이 보고 듣고 만지고 맛본다. 이렇게 습득된 개념들은 부모와 친구들, 선생님과 또 다른 이들에 의해 규정될 것이다. 그러나 규정되기 전에도 뇌는 알게 된 모든 정보를 이해하고 납득하기 위해 부지런히 작동한다. 실재하는 무언가를 마주하게 되면 뇌는 그것을 분류, 규정하고 나중에 꺼내 쓰기 위해서 신경망

(neural network)에 저장한다. 저장된 것은 돌이나 컵, 신발 혹은 돈처럼 구체적인 사물일 수도 있고 사랑, 공포, 아름다움 혹은 정의와 같이 추상적인 무언가일 수도 있다. 플로디노는 우리가 생성한 모든 개념은 개념망 안에서 뉴런의 결정체라는 물리적 형태를 띠게 되며, 결국 개념은 생각이 물리적 하드웨어 형태로 구현된 것이라 설명한다.

꼬리에 꼬리를 무는 이야기

물론 개념만 가지고는 별 소용이 없다. 무작위로 경험, 사물, 생각 등이 뉴런 망을 돌아다니는 게 전부라면 활용할 여지가 적다. 인과관계로 연결된 일련의 개념들만이 유용하다. 결국 생각이라는 것은 하나의 관계 안에 두 가지 개념을 집어넣어 연결하는 것이라 할 수 있다. 새롭거나 흥미로운 것, 놀랍거나 매혹적인 것을 경험하게 되면 뇌는 기존 개념들이 저장된 뇌 속 도서관을 뒤져서 이미 알고 있는 것과 연결 지으려 한다. 때로는 이 연결을 위해 생각을 쥐어짜 내거나 다른 생각을 덧붙이거나 좀 더 세세하게 생각을 쪼개야 할 수도 있다. 그러나 이미 알고 있는 기존 개념을 활용하면 더 많이 배울 수 있다. 믈로디노는 생각을 이어서 덧붙이는 과정을 통해 비로소 결론에 도달할 수 있다고 말한다.

나오미가 테이블에서 밥을 먹다가 음식을 떨어뜨리면 한 가지 개념을 습득하게 된다. 바로 음식은 떨어진다는 것이다. 그때 아빠인 조엘이 '안 돼'라고 말하면 금지라는 또 다른 개념을 습득하게 된다. 이 개념들에 이름표를 붙여 규정하기도 전에 이미 나오미는 이 개념들이 어떻게 연결되는지 감으로 알 수 있다. 이제 나오미는 두 가지 개념을 연결해 한 가지 의미를 만들어냈다. 나오미는 음식을 떨어뜨리면 어떻게 되는지 그녀만의 개념적 유형을 갖추게 된 것이다.

이러한 이유로 아이들이 어느 정도 말문이 트이면 질문을 쏟아내는 것이다. 아이들의 호기심은 아이디어를 연결하고 개념들을 이어줄 근본적 논리를 찾고자 하는 욕구의 발현인 셈이다. 하버드대학교 교육학 교수인 폴 해리스(Paul Harris)는 아이들이 2세에서 5세 사이에 설명이 필요한 약 4만 개의 질문을 한다고 추정한다. 이렇게 발견하고 연결하고 또 맥락을 이해하는 행위를 통해 자연스럽게 이야기가 만들어진다. 어떤 업무를 이렇게 처리하면 이런 일이 생기더라 하는 기억이나, 저 버튼을 누르거나 기능을 작동시키면 무슨 일이 벌어지겠다고 예상하는 것이 바로 그런 이야기들이다.

요약하자면 뇌는 주변에서 일어나는 일들을 이해하고 이에 대응하는 데 도움이 될 만한 이야기를 제공한다. 이것이 바로 뉴런이 내러티브를 만드는 이유다. 덧붙여 내레이터는 결코 쉬는 법이 없다. 당신의 뇌는 지금도 수백 가지 이야기를 끊임없이 만들어내고 있다.

우리가 숨 쉬듯 해명하는 이유

1960년대 신경과학자 마이클 가자니가(Michael Gazzaniga)는 놀라운 뇌 증상을 지닌 환자들에 관한 연구를 시작했다. 연구 중 나타난 한 가지 사례는 사건을 해명하고자 하는 인간의 무의식적 욕구가 얼마나 강력한지 보여준다.

자료에 약자 P. S.로 표시된 한 젊은 남성 환자는 좌뇌와 우뇌를 연결하는 촘촘한 신경망인 뇌량(腦梁)을 절단하는 수술을 받았다. 1962년 처음 도입된 이 수술은 오늘날에는 야만적이라 불리지만, 당시에는 매우 심각한 뇌 손상 혹은 뇌 질환을 완화하는 효과가 있었다. 또 연구자들이 양쪽 뇌에 관해 연구할 수 있는 흔치 않은 기회를 제공하기도 했다.

많은 사람이 양쪽 뇌가 서로 다른 기능을 수행한다고 알고 있다. 물론 과거에 우리가 익히 들었던 '좌뇌는 이성을 담당하고 우뇌는 감성을 담당한다'는 식의 명제처럼 단순하지는 않지만, 일반적으로 좌뇌는 기존에 학습된 유형을 구별하는 데 탁월하다면 우뇌는 독특한 특징을 잡아내는 데 특화되어 있다. 언어는 이미 학습된 유형이기 때문에 좌뇌가 대부분 관장한다. 이런 특징이 가자니가 박사가 발견한 사실에 매우 중요한 역할을 했다는 것을 미리 알려둔다.

뇌량절제술 후 P. S.의 양쪽 뇌는 서로 소통할 수 없게 되었다. 양쪽 뇌는 각각 기능을 지속했지만 서로 정보를 공유할 수는 없게 된 것이다. 그야말로 오른손이 한 일을 왼손이 모르고 왼손이 한 일을 오른손이 모르는 상황이었다.

수술 후 가자니가 박사와 동료 연구자였던 조셉르두

(Joseph Ledoux)는 P. S.에게 컴퓨터 모니터 중앙에 위치한 한 개의 점에 계속 집중할 것을 요청했다. 그리고 그 점을 중심으로 한쪽에만 명령 단어와 이미지를 짧게 내보내서 상대 쪽 뇌가 본 정보를 알 수 없도록 했다. 이 방법을 이용해 가자니가 박사와 르두 박사는 P. S.의 우뇌에만 간단한 명령을 내렸다. P. S.는 지시받은 대로 일어서고, 웃고, 손을 흔드는 등의 행위를 이어갔다. 그러고 나서 두 박사는 P. S.에게 왜 그런 행동을 했는지 물었다. P. S.의 좌뇌는 그가 지시받은 내용을 모르고 있었기 때문에 이 상황에서는 '잘 모르겠다'가 가장 정확한 답이었다. 그런데 흥미로운 일이 일어났다. P. S.의 좌뇌가 없는 이유를 만들어낸 것이다. 르두 박사는 당시 상황을 이렇게 설명했다.

"우뇌에 '일어서'라는 명령을 했을 때 P. S.는 일어선 이유를 스트레칭을 해야 해서였다고 말했다. '손을 흔들어'라는 명령에는 친구를 본 줄 알았다고 해명했다. '웃어'라는 지시에 대해서는 우리가 웃겨서였다고 답했다."

이 대답은 당연히 모두 사실이 아니었다. 그는 단지 그의 이상한 행동에 대해 해명하기 위해 허구의 이야기를 지어낸 것이었다. 양쪽 뇌를 연결하는 신경이 절단된

탓에 좌뇌는 그에게 무슨 지시가 있었는지 전혀 알지 못했다. 그러나 좌뇌는 모른다고 답하는 대신 추측하고 둘러대고 합리화하고 인과관계를 찾아내어 결국 상황에 맞는 답을 한 것이다.

가자니가 박사는 다른 유사한 환자들을 연구했고 비슷한 결과를 얻었다. 좌뇌는 해명하고자 하는 욕구가 강했고 그러기 위해 말을 꾸며내는 데 거리낌이 없었다. 가자니가 박사는 이 연구 결과가 뇌 연구를 하며 가장 충격적이었다고 말하면서 이런 결과는 건강한 뇌에도 예외 없이 적용된다고 덧붙였다. 가자니가 박사는 뇌가 종일 상대를 납득시킬 만한 이야기를 만드는 일을 하고 있다고 주장했다. 다만 건강한 뇌는 양쪽 뇌가 서로 소통할 수 있기 때문에 만들어지는 이야기가 더 신뢰할 만할 뿐이라고 말이다. 그렇게 하지 않으면 우리가 경험한 것들이 모두 무작위가 되어버린다. 삶을 살아나가는 데 필요한 것들을 추측할 방도가 없게 된다. 여기에서 내레이터가 등장한다. 내레이터는 경험과 관련된 모든 원(原)데이터를 해석해 이해가 될 만한 방식으로 연결한다. 파편적인 데이터들을 말이 되게끔 연결해 주는, 일종의 접착제 역할을 하는 것이다. 그리고 놀랍게도 이 내레이터는 자신만의 생각도 할 수 있다.

의식은 언제나 뒤에 있다

뇌는 전체 신체 질량의 약 2퍼센트 정도만을 차지하고 있지만 매일 전체 산소 공급량의 20퍼센트를 사용한다. 도대체 왜 그렇게나 많은 에너지가 필요한 것일까? 뇌는 대부분의 에너지를 생존에 사용하고 있다. 우리 몸에는 24시간 돌아가는 자율신경계 프로세스가 존재한다. 숨쉬기, 혈액순환, 균형 잡기 등 이 과정들은 무의식적으로 이루어진다. 무언가 몸에 문제가 생겨야만 의식할 수 있는 행위들이다. 그러나 이 외에도 뇌는 보이지 않는 곳에서 개념을 분류하고 연결하느라 바쁘다. 우리는 한 번에 한 가지 생각만 의식적으로 할 수 있다. 우리가 의식할 수 있는 생각은 뇌가 무의식 세계에서 몰래 하는 일들에 비하면 빙산의 일각이다. 뇌 속 여러 영역은 매일 밤낮으로 서로 소통하고 있다. 뇌는 감각으로부터 정보를 받아 분류하고 기억으로 저장하며, 문제를 풀기 위해 고민하고 이야기를 만든다.

뇌의 '의식'에 관해서는 서로 다른 이론이 존재한다. 가장 대중적인 이론은 뇌 안팎에서 받은 정보가 아주 중요해져서 더 주목하게 되면 비로소 의식적인 생각이라는 것이 생겨난다는 주장이다. 이를 머릿속 다이몬(고대 신화에 나오는 반신반인으로 도깨비와 유사한 존재. 현대 사회에서는 두 가지 의미로 사용된다. 첫째는 컴퓨팅 용어로 멀티태스킹 운영 체제에서 사용자가 직접적으로 제어하지 않고, 백그라운드에서 여러 작업을 하는 프로그램을 뜻한다. 둘째는 심리학 분야에서 칼 융이 도입한 개념으로 인간 행동과 감정을 움직이는 무의식을 뜻한다.-옮긴이)에 비유하기도 한다. 작은 다이몬들이 뇌 속 여러 영역에서 무의식적 대화를 나누고 있다는 것이다. 그러나 우리가 안전을 위협당하거나 호기심이 생기는 무엇인가를 발견했다고 가정해 보자. 소소하게 나누던 다이몬들의 대화가 갑자기 같은 주제에 대한 하나의 목소리로 합쳐지면서 소리가 커지기 시작할 것이다. 그리고 결국에는 의식이 주의를 기울이게 될 것이다. 뇌 속 다이몬들이 의식 세계로 하나의 생각을 던져 올린 셈이다.

연구자들은 뇌 스캐닝을 통해 소위 이 '깨달음'의 순간을 따로 구분해 놓았다. 이 순간에는 'P3'라 불리는 뇌파가 치솟는다. 다이몬들의 대화가 어느 정도로 시끄

러워지거나 많은 뇌의 영역에서 이루어지기 시작하면 P3 뇌파가 나타난다. 바로 그 순간이 우리가 무엇인가를 '인지'하게 되는 순간이다. 따라서 우리가 '의식'이라는 걸 하게 되는 순간은 이미 뇌 속에서 소소한 대화들이 오가고 난 이후다. 신경과학자 스타니슬라스 데하네(Stanislas Dehaene)의 표현에 따르면 '의식은 언제나 뒤에 있다'.

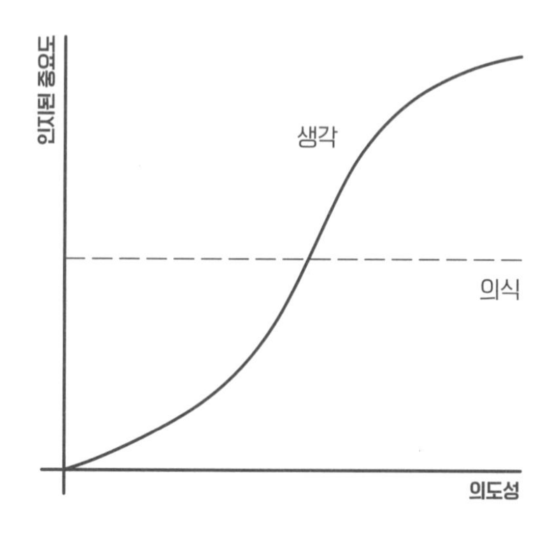

우리의 무의식은 끊임없이 의식 세계에 생각과 감정을 미리 집어넣어 둔다. 그리고 우리는 어떻게 그 생각에

이르게 되었는지를 알지 못한다. 그 생각들은 모르는 새 이미 의식 세계에 들어와 있다. 마치 무의식 세계가 늘 회의에 지각하는 나에게 관련 자료를 폴더에 넣어 회의실에 들어가기 전에 건네주는 것처럼 말이다. 폴더 안의 자료는 내레이터가 작업 중인, 가공되지 않은 정보다. 그러나 우리는 그 정보가 너무나 자명하고 진실되며 완벽한 것처럼 느낀다. 그저 이야기에 불과하지만 뇌는 이것을 확실한 사실인 양 우리에게 보여준다.

'사람들 앞에만 서면 불안하고 떨리니까 대중 연설은 위험한 게 틀림없어.'

'이 상황을 돌파해 나갈 능력이 나에게는 없으니까 시도할 필요조차 없어.'

'저 꼭대기 목표까지 올라갈 수 있는 길이 보이지 않으니까 성공은 불가능한 것 같아.'

이런 생각은 하루에도 수천 번씩 우리의 크고 작은 행동을 이끈다. 내레이터는 우리가 지루할 때, 집중하기 어려울 때, 기쁠 때, 화날 때, 슬플 때, 짜증 날 때, 모든 순간에 우리가 무엇을 해야 할지 알려준다. 내레이터는 우리가 SNS를 할 때도, 운전하거나 골프를 칠 때도, 팟캐스트를 들을 때도, 계약서를 분석하거나 운동할 때도,

결혼 날짜를 정하거나 이사할 동네를 결정할 때도 끊임없이 우리에게 이야기한다.

근거 없는 비약을 일삼는 뇌

개념을 저장하고 또 기억해 냄으로써 우리는 주변에서 무슨 일이 벌어지고 있으며 그 일이 우리에게 어떤 의미인지, 성공적인 계획과 행동을 위해 무엇을 해야 하는지 등을 알게 된다. 이것이 우리가 기억을 형성하고 미래를 상상하는 방식이자 이유다. 생각의 이러한 미래지향적 특성은 내레이터를 이해할 때 아주 중요하게 작용한다.

뇌 속 내레이터는 우리가 감각하거나 다른 사람들한테 수집한 파편적인 정보를 모아 유의미한 이야기 구조로 엮는 일을 한다. 우리가 모르는 것에 잘 대응할 수 있도록 돕는 것이다. 우리를 돕기 위해서는 신경과학자들이 소위 '예측'이라고 부르는 의식적·무의식적 가정 행위가 수반된다. 세상이 보내는 수많은 신호를 바탕으로 여러 모형을 만드는 것이다. 이런 예측은 대부분 효과가 있다. 이 행위를 통해 우리는 인간관계와 직장 생활을 잘 유지하고 아이를 키우는 등 다양한 활동을 무사히 해낼 수 있다.

그러나 내레이터는 가끔 말도 안 되는 비약을 하기도 한다. 매출이 떨어진 이유에 대해 그저 망해가는 경제 때문이라고 답하기도 하고, 왜 저 차가 내 앞에 끼어들었을까 하는 질문에 운전자가 이를 데 없이 난폭해서라고 답하기도 한다. 우리가 게임에서 진 이유를 심판이 무능해서라고 답하거나 남편이 거짓말하는 이유가 바람을 피우고 있기 때문이라고 하기도 한다. 심지어 어떤 일이 일어난 이유를 그럴 만해서라고 답하기도 한다.

내레이터의 이런 대답이 맞을 수도 있지만 틀릴 수도 있다는 것을 우리는 알아야 한다. 내레이터는 문제를 규정하고 해결책을 제시하는 데 선수다. 그러나 내레이터의 해석이 항상 맞다고 생각해서는 안 된다. 특히 우리가 목표를 향해 갈 때 내레이터가 그 길을 가로막고 있다면 더더욱 그렇다.

'나는 대중 연설에 소질이 없어.'

'여러 사람과 정보를 공유하는 건 위험해.'

'나한테 무언가 문제가 있어.'

내레이터가 이런 말을 하고 있다면 우리는 여기에 맞설 준비를 해야 한다. 우리의 뇌에 맞설 준비를 하기 전에 먼저 뇌가 어떻게 이런 이야기를 만들어내는지 좀 더 자세히 살펴보자.

사실과 이야기는 완전히 다르다

마이클이 일린에게 회사의 재정 실적에 관해 이야기했을 때 그는 자신의 설명이 사실이 아닌 '이야기'라는 것을 깨닫지 못했다. 돌이켜 생각해 보면 재미있다. 당시 그가 출판사의 CEO였기 때문이다. '이야기'하는 게 일이었던 사람인데 말이다! 그 사실을 인지하지 못하다 보니 불리한 상황이 계속 발생했다. 왜일까? 우리의 이야기는 가정에 기반해 있고 특정한 목적을 띠고 만들어지는데, 그 가정과 목적이 바로 이야기의 정확성과 유용성 그리고 강력함 여부를 결정하기 때문이다.

그의 이야기 속에는 흥미로운 사실이 많았다. 유가

는 정말 높았고 이자율 역시 그랬다. 오프라인 서점을 방문하는 방문객 수도 확실히 줄어들고 있었는데, 온라인 매출의 비중이 크지 않던 당시에는 중요한 통계였다. 그가 사실들을 한데 모아서 만들어낸 이 상황의 불가피성이 보이는가? 높은 물가와 이자율 때문에 책에 대한 사람들의 지출이 줄었고, 사람들은 더 이상 책을 사기 위해 서점에 오지 않았다. 게다가 그는 자신의 이 이야기를 공식적으로 확인하고 뒷받침해 줄 모든 근거까지 끌어모아 둔 상태였다.

그러나 같은 사실도 다르게 바라볼 수 있다. 사람들의 소득이 줄어든 것은 사실이지만 책은 상대적으로 저렴하게 재미와 정보를 누릴 수 있는 자원이다. 유가가 오르긴 했지만 온라인 매장들은 여전히 주문을 받고 있었다. 사실 그의 가정은 다소 부족했다. 다시 살펴보니 그의 목적 역시 불확실했다. 당시를 떠올려 보면 그의 이야기는 현실을 설명하는 것이기보다는, 그가 상황을 보고해야 하는 이사회 임원들에게 자신의 팀이 비록 목표치를 달성하지는 못했지만 언제든 상황을 통제할 수 있음을 증명하기 위한 것이었다. 즉, 그의 이야기는 일종의 자기 PR 혹은 자기변명이었던 셈이다. 일린이 지적했듯이 그 이야기는 덧이기도 했다. 어쩌면 7월에 효과적이지 않았던 전략이 8월에는 먹혔을 수도 있었다. 새로운 전략을 짜는 방법도 있었다. 그러나 그의 이야기는 실적 향상을 위한 것이 아니라 위에 잘 보이는 것이 목적이었기 때문에 창의성을 발휘하거나 더 나은 전략을 찾아낼 필요가 없었던 것이다!

그의 가정과 목적은 결과에 대한 자신의 책임을 전혀 감안하지 않은 이야기를 만들어냈다. 그런데 이 이야기는 이제부터 그들이 전략을 만들고 실행하는 데에도 부정적인 영향을 줄 것이다. 게다가 아무도 알아차리지 못하는 새에 그들의 자율성과 내적 동기를 약화할 것이다. 일린이 그에게 이 놀라운 사실을 일깨워 준 건 행운이었다. 이날의 경험은 그가 사업을 하면서 배운 가장 중요한 교훈 중 하나가 되었다.

무대를 두려워하는 메건의 이야기에서도 유사한 패턴이 눈에 띈다. 대중 앞에서 연설하는 모습을 상상하면 심장이 뛰고 아드레날린이 치솟는 신체적 반응 때문에 그녀 역시 대중 연설은 위험한 것이라고 생각해 왔다. 이 가정에 따라 그녀의 최우선 목표는 항상 안전을 추구하고 위험을 피하는 것이 되었다. 그녀는 자신을 제한하면서 직장과 다른 분야에서 자신의 잠재력을 억제했다. 그리고 아버지 마이클의 이야기에서처럼 메건의 이런 가정 역시 그녀를 옭아매는 덫이 되었다.

가정과 목적은 우리의 이야기를 만들고 우리의 성과를 좌우한다. 일단 가정에 대해 조금 더 자세히 알아보자. 가정은 어디에서 비롯되는가? 단순하게 생각하면 가정은 우리가 경험을 통해 얻거나 타인의 정보를 통해 학습한 모든 것이다.

모든 것은 해마에 달렸다?

대부분의 사람에게 뜨거운 오븐을 만지지 말라는 말은 한 번이면 족하다. 왜냐하면 뇌는 스스로 그 연관성을 충분히 찾아낼 수 있기 때문이다. 그 과정은 아마도 이러할 것이다.

오븐 = 열

열 = 화상

화상 = 통증

통증 = 조심해!

그래서 우리는 뜨거운 오븐 주변에 있을 때 아무래도 더 조심한다. 특히 경험이라는 것은 아주 긍정적이거나 아주 부정적일 때 탁월하게 의미를 형성해 낸다. 우리의 모든 이야기는 이런 경험을 토대로 만들어진 후 기억 속에 저장된다. 우리가 그 기억을 상기해 내면 마치 그 순간을 다시 체험하는 것처럼 생생하게 느껴진다.

우리는 또 다른 환자 덕분에 기억이 작동하는 원리를 더 많이 알게 되었다. H. M.으로 알려진 이 환자는 사고로 10년간 괴로운 발작 증상을 경험한 후 1953년 해마를 제거하는 실험적 수술을 받게 된다. 인간이라면 모두 해마가 두 개 있는데 각각 관자놀이 아래 좌뇌와 우뇌 안에 위치한다. 해마는 실제로 그 모습이 바다에 사는 해마를 닮아서 붙여진 이름이다. 이 수술로 H. M.의 발작은 멈췄다. 그러나 그의 기억도 제대로 기능하지 못하게 되었다. 알고 보니 이 해마가 새로운 경험을 기억에 통합시키는 중요한 역할을 맡고 있었던 것이다.

이후 계속된 연구 덕분에 과학자들은 이제 해마가 신경 패턴을 색인화하고, 필요한 경우 신피질이 이를 사용하도록 해준다는 걸 안다. 머리 양쪽의 해마는 상호작용하면서 최초 경험을 통해 만들어진 신경 패턴을 뇌가 재조합하고 기억할 수 있도록 한다. 그래서 처음 경험했을 때와 비슷하게 이 기억들을 다시 생생히 소환할 수 있는 것이다. 이 과정이 뇌에서 일어나는 모습은 실제로 확인 가능하다. 기능적 자기공명영상법(fMRI)을 통해 어떤 일을 수행하는 동안 신경 활동의 형성 패턴을 볼 수 있고, 수행을 마친 후 신경 활동 패턴이 해마 안에서 어떻게 다시 재생산되고 반복되는지도 볼 수 있다. 이러한 발견에 대해 어떤 연구자는 마치 뇌가 영화의 한 장면을 완전히 외울 때까지 계속 보는 것과 같다고 묘사하기도 했다.

내레이터는 뇌가 이러한 되새김 과정을 거칠 때 이야기를 구성한다. 그런데 이 과정은 공간 탐색도 관장하는 해마에서 일어난다. 뇌가 이야기를 만드는 능력은 기억되거나 상상한 정신적 공간을 휘젓고 다니는 바로 이 해마의 기능을 활용한다. 이 공간에 바로 우리의 이야기를 풍성하게 만드는 일련의 사람과 물건, 다른 여러 가지 개념들이 존재하기 때문이다.

기억은 진실이 아니다

우리의 해마는 두 가지 다른 종류의 기억 능력을 활성화한다. 바로 일화(episodic) 기억과 의미(semantic) 기억이다. 일화 기억은 내가 겪은 어떤 일의 직접적인 기억을 기록한다. 일화 기억은 정신적 공간에서 우리가 이전 경험을 기억해 내는 것뿐 아니라 미래의 이야기까지 상상할 수 있게 해준다. 일화 기억에 관한 내용은 뒤에서 더 자세히 다룰 예정이다.

반면 의미 기억은 우리와 무관하지만 기억할 만한 가치가 있다고 판단해 기록하는 사실, 데이터, 사물 및 사건 등을 뜻한다. 예를 들어 화학 시험을 통과하기 위해서 외우는 정보라든가, 당신이 좋아하는 아이돌 그룹 멤버의 생일, 한글 문서 파일 사용법 정도가 되겠다.

우리는 이 두 기억을 '일화 기억은 주관적이고 의미 기억은 객관적이다' 정도로 대충 구분한다. 그러나 흥미로운 것은 우리가 일화 기억을 머릿속에서 반복할수록 그 기억이 점점 더 객관적으로 느껴진다는 사실이다. 대중 연설을 요청받았을 때 아드레날린이 치솟는 것이 위험을 예고하는 것처럼 느껴지는 이유다. 주관적인 경험에 불과한 것이 실제와는 다르게, 객관적인 사실로 느껴지는 것이다. 우리가 어렸을 때 자주 가던 놀이터의 1.8미터짜리 미끄럼틀이 엄청 컸던 것으로 기억되는 것도 역시 같은 맥락이다. 우리가 기억 속에서 경험하는 방식이 그러하기 때문이다. 사실이 아님에도 불구하고 과거에 대해서 기억하는 모든 것들은 절대적·객관적으로 사실인 것처럼 느껴진다.

우리 중 누구도 완벽히 중립적인 관찰자가 될 수는 없다. 우리의 기억은 선택적이고 편견과 감정의 영향을 받는다. 회고록을 집필하는 사람들이 이 점을 더 잘 이해하는 것 같다. 기억을 의도적으로 끄집어내고 재생산하는 행위는 우리의 기억이 얼마나 불완전한지를 여실히 보여준다. 작가 프랭크 섀퍼(Frank Schaeffer)는 자신의 회고록을 시작하면서 이렇게 적었다.

'내가 사건과 해당 사건이 발생한 연도나 장소를 잘못 알고 있는 부분이 분명 있을 것이다. 나의 기록은 시

간과 편견, 기억의 결함과 감정에 의해 왜곡된 기억에서 비롯되었기 때문이다.'

이런 왜곡된 기억이 우리가 자신, 다른 이들, 그리고 세상에 대해 말하는 이야기를 구성한다. 소설가 필립 로스(Philip Roth)는 자신의 회고록 『사실들』에서 이렇게 말한다.

'사실은 그냥 다가오는 것이 아니라 당신의 과거 경험으로 형성된 상상력을 통해 구체화된다. 과거의 기억이란 사실의 기억이 아니라 사실에 대한 당신의 상상에서 비롯된 기억이다.'

우리는 긍정적인 경험에 지나치게 영향을 받거나 부정적인 경험 때문에 지나친 편견을 갖게 된다. 그래서 과거를 실제보다 더 나은 모습으로, 혹은 더 나쁜 모습으로 기억하는 것이다. 우리는 생각보다 자주 과거를 왜곡하고 있다.

영향을 주고받는 사람들

가정에 영향을 미치는 또 하나의 주요 요

인은 관계 네트워크다. 이 네트워크에는 가까운 사람들 말고도 우리가 속한 공동체 사람들이 포함된다. 관심사를 공유한 소규모 모임이 될 수도 있고 직장·동네·도시·나라·사회 심지어 역사를 공유한 집단이 될 수도 있다.

세상에는 우리가 잘 모르는 것이 셀 수 없이 많다. 나는 변기나 전화기가 작동하는 원리를 모르고, 새와 나비가 철 따라 이동하는 방식도 모른다. 비행기가 어떻게 하늘에 떠 있는 채로 이동하는지도 궁금하다. 우리의 무지는 무한하다. 세상에는 알아야 할 것이 너무나 많은데 배울 시간과 집중력, 나의 지적 역량은 부족하다. 상황이 이렇다 보니 우리는 다른 이들이 들려주는 이야기에 어쩔 수 없이 의존한다. 사실상 우리가 생각하는 대부분의 이야기는 다른 사람들이 들려준 것일 때가 많다.

『사상과 행동 속 언어(Language in Thought and Action)』의 공동 저자인 S. I. 하야카와(S.I. Hayakawa)와 앨런 하야카와(Alan Hayakawa)는 인간이 이해하는 법을 배우자마자 수용하게 되는 것은 들은 정보, 들은 정보에 대한 또 다른 정보, 또 다른 정보에 대한 또 다른 정보라고 말했다. 타인으로부터 받은 이 정보들은 사실과 설명으로 구성되어 있는데 그중 일부는 틀린 것이다.

어떤 정보는 받아들이고 또 어떤 정보는 거부하기도 하면서, 내레이터는 흘러가는 모든 정보를 이야기 속에 집어넣는다. 보통 이 작업은 의식적 자각 없이 진행된다. 이렇게 저장된 정보는 일할 때나 첫 데이트를 할 때, 아니면 퀴즈 게임에서 정답을 맞혀 친구들을 놀래킬 때 아주 유용하다. 우리는 모두 공동체의 산물이고 그 공동체는 우리의 생각에 지대한 영향을 미친다. 베일러대학의 앨런 제이컵스(Alan Jacobs) 교수는 맞든 틀리든 간에 우리가 알고 있다고 생각하는 모든 정보는 타인과의 상호작용에서 나오며 우리 스스로 고립된 채 독자적으로 생각한다는 것은 있을 수 없는 일이라고 주장한다. 자기계발 전문가 짐 론(Jim Rohn)은 '사람은 함께 가장 많은 시간을 보내는 주변인 다섯 명의 평균치'라는 유명한 말을 남겼다. 일리가 있는 말이지만 완전히 맞는 말도 아니다. 현실에서는 당신의 생각과 신념, 행동 그리고 안위마저도 방대한 규모의 친구, 가족, 그리고 지인들 네트워크의 영향을 받는다.

니컬러스 크리스타키스(Nicholas Christakis)와 제임스 파울러(James Fowler)는 심장 질환 환자를 장기간 연구하다가 이런 사실을 발견했다. 바로 비만과 흡연을 비롯해 행복에 이르기까지 모든 것에 인간관계 네트워크가 영향을 미친다는 것이었다. 친구와 친구의 친구는 우리의 습관과 건강에 영향을 미친다. 행복한 친구를 둔 사람과 친구여도 본인이 행복해질 가능성이 6퍼센트나 증가한다는 연구 결과도 있다. 주변 사람의 영향력은 우리가 생각하는 것보다 훨씬 강력하다. 제이컵스 교수는 누군가와 늘 같이 지낸다는 것은 그 누군가가 세상에 접근하는 방식을 필연적으로 받아들이게 된다는 뜻이며, 이는 단순히 생각의 문제가 아니라 생활의 문제라고 말했다. 5학년 때 수학을 잘한다고 칭찬해 주었던 선생님은 당신에게 하나의 이야기를 제공한 것이다. 당신을 귀엽다고 생각한 또래 남자아이나 당신이 조심성이 없다고 말한 그 남자아이의 아빠 역시 이야기를 만들어준 셈이다. 당신의 종교 역시 삶의 의미에 관한 이야기를 만들어 주었다. 당신의 생물학 수업 교수님, 좋아하는 가수 혹은 절친한 친구 역시 서로 다른 버전의 이야기를 당신에게 선사하고 있다.

보통 이런 이야기는 큰 필터링을 거치지 않고 머릿속 도서관으로 직행한다. 우리는 부모님 말씀을 믿는다. 또 친구들의 판단을 믿는다. 때로 우리는 우리를 싫어하는 이들의 부정적인 이야기마저 믿는다. 인지과학자 스티븐 슬로먼(Steven Sloman)과 필립 페른백(Philip Fernbach)의 말처럼 우리는 지식 공동체 속에 살고 있다. 세상에 대한 우리의 이야기는 주변 사람들로 인해 지대한 영향을 받거나 그 사람들에게서 받은 것이다. 그리고 직접 경험한 일이든 다른 이들로부터 듣게 된 정보든 뇌 속 이야기는 기본적으로 확증하려는 경향을 타고난다.

"거봐, 내 말이 맞잖아"

왜 마이클은 일린에게 자신의 이야기를 들려줄 때 그토록 자신감이 넘쳤을까? 이것을 이해하기 위해서는 무조건 망할 것이라고 확신했던 마케팅 캠페인이 모든 기록을 갈아치우는 대성공을 거두었다거나, 부서에서 최고의 직원이라 자신하고 있었던 당신이 해고된 이유를 알아야 한다.

일반적으로 우리의 이야기는 우리의 경험과 그간 알아온 세상에서 벗어나지 않는다. 그래서 이해하기 쉽다.

그런데 가끔 우리는 신뢰하던 이 이야기가 알고 보니 사실이 아니었다는 걸 깨닫게 된다. 우리는 객관적인 결과를 직시하지 않고 우리의 이야기에 너무 몰입한 나머지 별다른 성과가 없는데도 같은 전략을 수없이 반복하곤 한다. 주장하고 믿는 바가 맞기를 바라기 때문에 스스로를 손쉽게 설득하기도 한다. 내레이터는 이야기를 강화하기 위해 뇌의 보상회로를 활용한다. 새로운 아이디어나 경험을 마주하면 우리의 이야기 도서관에 가득 차 있는 일화 기억과 의미 기억을 활용해 이를 설명하려고 든다. 유사하거나 무언가 연관이 있다고 생각되는 것을 발견하면 이 새로운 것에 기존의 방식으로 설명을 덧붙인다. 그리고 이렇게 어딘가 일치하는 것을 찾아내면 보상회로가 자극받아 도파민이 솟구친다. 신경학자 로버트 버턴(Robert Burton)은 이렇게 말했다.

> "유사함을 발견하는 데서 오는 황홀한 감정이든 내 설명이 맞았을 때 드는 기분 좋은 감정이든, 약물, 알코올 및 도박 중독을 관장하는 보상회로 체계를 통해 촉발된다."

우리의 가정은 스스로 강화되는 경향이 있다. 설명을 위한 이야기의 연결고리를 더 자주 만들수록 그 이야기가 더 진실하게 느껴진다. 이런 경향은 함께 활성화된 뉴런은 그 연결도 함께 강화된다는 헵의 법칙(Hebb's Law)으로 귀결된다. 새로운 상황을 설명하기 위해 내레이터가 예전의 이야기를 활용하는 동안 신경세포 간 연결고리가 강화된다. 이것이 우리가 정해진 답을 가지고, 생각 없이 반사적인 설명을 하고, 유용한 모범 답안을 도출하는 이유다. 우리가 이 강화된 이야기들을 신경망 안에 깊이 각인시키기 때문이다.

이런 우리의 이야기가 정확하거나 이롭다면 다행이다. 이 이야기를 통해 우리는 빠르고 자신 있게 움직일 수 있다. 우리가 믿는 대부분의 것이 좋은 판단을 내리는데 도움이 될 만큼 사실이기 때문이다. 그러나 여기에는 재미있는 단점이 하나 있다. 그 생각이 어딘가 잘못되었을 때 그것을 인정하기는커녕 눈치채기도 어렵다는 것이다. 우리의 생각이 꽤 믿을 만하다면, 바로 그 생각이 우리를 잘못된 방향으로 이끌 때 무언가 잘못되고 있다는 사실을 발견하기가 어렵다.

무대 공포증을 이겨낸 용기

무대를 두려워하던 메건은 내레이터가 만들어놓은 부정적인 생각을 뒤집기까지 수년이 걸렸다. 삶에서 마주치는 여러 상황이 그녀에게 대중 연설에 관한 부정적인 생각에서 벗어나라고 외치고 있었다. 일단 그녀가 하는 일 때문에라도 대중 연설을 해야만 했다. 메건은 한 발짝 한 발짝 마이크 앞으로 다가가야만 했다. 그렇게 녹화 방송이나 팟캐스트 같은 비대면 형태의 강연, 다른 이들과 함께하는 연설에는 점점 자신감이 붙었다. 그러나 여전히 대중 연설은 꺼려졌다. 가끔은 지옥에 떨어진 것 같은 느낌이 들 때도 있었다. 눈물을 꾹 참은 채 그곳을 뛰쳐나오지 않은 것이 다행인 경우도 많았다. 무대 위에서 홀로 대중을 상대로 강연한다고 생각하면 여전히 숨이 막힐 것만 같았다. 그러나 동시에 그것이 더 이상 도망칠 수 없는, 반드시 극복해 내야 할 과제처럼 느껴지기도 했다. 어찌 되었든 대중 연설을 하다가 죽을 것 같다는 공포가 그녀에게는 너무나 생생했다.

메건의 무대에 대한 공포는 2018년 6월 16일 시카고 오헤어국제공항 아메리칸에어라인 카운터에서 결국 무너지고 만다. 그녀는 생애 가장 위태위태한 문자 메시지를 보내는 버튼을 누르자마자 하염없이 눈물을 흘렸다. 그녀는 이 수치스러운 대중 강연에 대한 공포를 친구 미셸에게 고백한 차였다. 공교롭게도 미셸은 잘나가는 대중 연설 코칭 강사였다.

이 공포를 극복해 세상이 요구하는 것에 부응하지 못한다면 자신의 입지가 계속 좁아질 것이라는 점을 그녀는 잘 알고 있었다. 두려워하는 한 그녀는 더 많은 기회를 흘려보내야 할 것이었다. 더 이상은 이대로 버틸 수 없었다.

'미셸, 잘 지내? 난 지금 집으로 돌아가려고 시카고 공항에 앉아 있어. 그런데 너랑 상의할 게 있어. 네가 분명 이 분야의 전문가일 테니까. 내가 대중 연설을 하게 되었거든. 그런데 비밀이지만 정말 정신이 나갈 정도로 두려워. 이 두려움을 극복해야 할 시점이 된 것 같아. 실패하지 않으면서 이 공포를 극복하려면 도움이 필요해. 언제 상담 좀 할 수 있을까? 너한테 여러 방안이 있을 것 같아서. 읽어줘서 고맙다. 이 공포에 대해서는 남편 조엘 말고는 털어놓을 사람이 없었거든. 정말 나한테는 삶

을 송두리째 뒤바꾸는 그런 순간이야.'

이 메시지를 보내면서 눈물이 앞을 가렸다. 그곳에 앉아 울면서 메건은 그 순간까지 자신이 너무나도 수치스러운 나머지 이 공포를 숨겨왔다는 사실을 깨닫게 되었다. 성과 향상을 위한 코칭을 업으로 하면서 빠르게 성장하는 회사를 운영하는 성공한 임원임에도 불구하고 대중 연설 분야에서만큼은 성과를 낼 수도 스스로 코칭을 할 수도 없었던 것이다. 그녀는 이런 삶에 신물이 났다. 이 공포를 어떤 방식으로 마주해야 할지 알 수 없었지만 반드시 마주해야 한다는 사실을 알고 있었다. 더 이상 도망칠 곳은 없었다. 자신의 팀을 위해서라도 그럴 수 없었다.

사람들은 그녀의 뇌 속 내레이터가 만든 이 공포를 알 리 없었다. 그저 메건이 대중 연설을 해주기를 바랄 것이었다. 그녀가 미셸에게 이 문자를 보낸 지 얼마 되지 않아 팀원들이 3개월 후에 1000명 정도가 모이는 '어치브(Achieve)'라는 명칭의 행사를 기획했다는 말문이 막히는 소식을 알려왔다. 그러면서 그녀에게 기조연설을 부탁했다.

스스로 만든 것이든 타인으로부터 학습한 것이든 우리가 만들어낸 가정에는 항상 한계가 존재한다. 우리가 세상에 대해 직접 생각하고 보고 행동하고 마주하고 느끼고 맛보고 만진 것들만을 바탕으로 가정한다면 우리는 세상을 딱 그 정도까지로 규정짓게 될 것이다. 너무나 진부한 이야기지만, 문제는 우리가 모든 것을 아는 게 아니라는 점이다. 우리의 이야기는 뇌 속 기존의 신경 연결고리들로 한정된다. 우리의 경험만을 바탕으로 삼으면 바로 그 경험의 한계 속에 머물게 된다. 다른 이의 경험에서 비롯된 정보를 바탕으로 알게 된 것은 바로 그 다른 이의 한계와 나의 한계를 합친 어딘가에 갇히게 될 것이다. 우리의 생각은 기존에 다녔던 익숙한 경로를 따라 흐른다. 안 그럴 이유가 없다. 대체로 익숙한 경로가 맞고 그게 아니라도 꽤 괜찮은, 가끔은 놀라운 성과를 내기에 충분하다. 그러나 우리의 이야기가 전혀 도움이 되지 않을 때도 있다. 그럴 때는 우리가 스스로 설 수 있도록 힘을 주는 이야기들이 필요하다.

문제는 우리가 우리의 생각을 바꿀 용기를 내지 않는 한 우리에게 힘을 줄 이야기를 절대로 찾아내지 못할 것이라는 점이다. 신경과학자 보 로토(Beau Lotto)는 잘못된 가정으로 문제를 풀어나가면, 진실과 가까워지는지 아니면 멀어지는지도 알지 못하는 채로 더 깊은 미궁 속으로 빠질 수밖에 없다고 말했다.

파이프가 아닌 파이프

보통의 엄마라면 아이가 양말을 방바닥에 그냥 두었을 때 어떻게 행동할까? 작가인 제니퍼 그리핀 그레이엄(Jennifer Griffin Graham) 역시 아들에게 수도 없이 본인 물건을 제자리에 두라고 이야기하곤 했다. 끝없는 잔소리에도 불구하고 그날도 핑크와 흰색이 고루 섞인 아이의 양말이 바닥에 굴러다니고 있었다. 양말을 주우려고 허리를 굽힌 순간 그레이엄은 그것이 속임수임을 깨달았다. 아들이 엄마를 놀리려고 양말 이미지를 인쇄해서 오린 후 바닥에 놓아둔 것이다.

"아이가 모든 그림을 프린터로 인쇄할 수 있다는 걸

알아버려서 이제는 그걸로 저를 놀리려고 해요."

그녀는 이런 귀여운 코멘트와 함께 이 재미있는 사건을 트위터에 올렸고, 이 트윗은 선풍적인 인기를 끌면서 뉴스에 등장하기도 했다. 그렇다면 저 종이 양말은 양말인가? 그렇기도 하고 아니기도 하다. 이 종이 양말 이야기는 초현실주의 화가 르네 마그리트(René Magritte)의 1929년 작품 〈이미지의 배반〉을 떠올리게 한다. 이 작품 아래에는 프랑스어로 '이것은 담배 파이프가 아닙니다(Ceci n'est pas une pipe)'라는 설명이 적혀 있었다. 당시 이 작품은 큰 논란이 되었다. 짐작한 대로 사람들의 반응은 대체로 다음과 같았다. "아니, 이게 파이프가 아니라니, 그럼 도대체 뭐야? 딱 봐도 파이프인데."

마그리트의 작품 세계를 아는 이들은 그가 현실에 의문을 제기하는 것이라 추측했다. 저 설명은 사실 완벽한 진실이다. 파이프의 이미지는 결코 파이프 자체가 될 수 없다. 물론 파이프를 닮아 있긴 하다. 그러나 담뱃잎을 넣을 수도 없고 불을 붙여 피울 수도 없다. 종이 양말이 진짜 양말이 아닌 것처럼 파이프 그림은 파이프가 될 수 없다. 우리의 생각도 마찬가지다. 무엇인가에 관한 이야기는 그 무엇 자체가 될 수 없다. 그저 그것을 대리할 뿐이다.

앞에서 우리는 이야기가 가정과 목적으로 만들어진다고 설명한 바 있다. 여기에는 우리가 원하는 것, 추구하는 것, 즉 우리의 욕구와 목표가 모두 포함된다. 내레이터는 과거 우리의 기억을 이용해 현재 우리를 돕고 미래에 우리가 원하는 것을 쟁취할 수 있게끔 한다. 신경과학자 로토는 인간 존재의 근원에는 '다음은 무엇인가'라는 질문이 깔려 있다고 말한다. 우리가 잘 살아남아 번영하기 위해서는 저 질문에 제대로 답할 수 있어야 한다. 이를 위한 작업이 바로 뇌의 '빅 프로젝트'다. 뇌에는 수천억 개의 뉴런과 수조 개의 시냅스 연결고리들이 존재하기 때문에 사실상 우리가 떠올릴 수 있는 생각과 누릴 수 있는 감정은 무한대에 가깝다. 지금부터는 이 이야기들이 어떻게 우리가 목적을 달성하도록 돕거나 가끔은 옆길로 새게 만드는지 살펴볼 것이다. 이 장을 따라가다 보면 앞서 이야기한 양말과 파이프 이미지의 의미도 비로소 이해할 수 있을 것이다.

미래와 현재의 간극

우리의 뇌는 미래의 가능성과 지금의 현실을 생각하기에 적합하도록 설계되어 있다. 예를 들어 우리가 갖고 싶은 것과 우리가 실제로 가진 것이 무엇인지, 우리가 가고 싶은 곳과 실제로 있는 곳이 어디인지, 우리가 되고 싶은 것과 현재 우리의 모습이 어떤지를 인지하는 것이다. 이 두 가지 사이의 괴리와 간극을 메우기 위해 하는 행동들이 우리 삶의 핵심적인 줄기가 된다. 비유하자면 액션 영화에서 액션, 로맨스 소설에서 로맨스, 수사물에서 탐정인 셈이다. 이 간극 없이는 결국 아무 일도 일어나지 않는다. 이 간극을 메우려는 노력이 바로 삶을 개선하려는 동력이 된다. 우리 삶의 큰 줄기는 바로 원하는 성과를 내는 것이다. 그렇다면 어떻게 이 간극을 채울 수 있을까? 지금까지 읽은 바를 종합해 보자. 만약 삶에서 발목을 잡히거나 성장을 방해받는 상황에 처한다면 우리 앞에 있는 문제와 기회에 대한 뇌 속 이야기를 파악하고 이에 집중할 필요가 있다.

우리 머릿속에는 우리가 사는 세상이 세워져 있다. 물리적인 세상에 대해 우리가 알고 있는 모든 것은 눈과 귀, 코와 다른 나머지 감각을 통해 뇌로 들어와 처리된다. 물리학자 데이비드 도이치(David Deutsch)는 이렇게 말했다.

"현실은 우리가 믿는 바와 무관하게 객관적이고 물리적인 형태로 저 외부에 존재한다. 그러나 우리는 결코 그 객관적 현실을 직접 경험할 수 없다."

대신 우리는 감각을 통해 정보를 받아들이고 그 정보들을 분류하여 규정하고 저장한다. 그 와중에 우리가 과거에 경험한 것, 우리가 지금 경험하고 있는 것, 그리고 앞으로 경험할 것들 사이를 끊임없이 연결한다. 그렇다고 외부에 존재하는 그 객관적 현실이 아무 의미가 없는 것은 아니다. 단지 우리가 경험하는 그 현실이 주관적이라는 뜻이다.

물리학자 도이치는 이렇게 주관적인 현실 인지를 담당하는 뇌의 기능을 '가상 현실 생산(virtual reality generator)'이라 칭했다. 같은 기능을 신경과학자들은 '시뮬레이션'이라고 부르기도 한다. 우리가 시뮬레이션 세계에 살고 있다고 누군가 말하면 그저 웃으면서 말도 안 되는 이야기라 치부할 것이다. 그러나 전혀 어색한 말은 아니다. 뇌가 우리가 살고 있는 현실의 시뮬레이션 세계를 뇌 속에 만들고 있는 것이다. 보통 우리는 이 기능을 '상상'이라 부른다. 이 기능의 이름이 무엇이든 간에 내레이터는 우리의 행동을 계획하고 결과를 예상하는 데 이 기능을 활용한다. "우리가 X를 하면 Y를 성취할 수 있을까?"라고 물으면서 말이다.

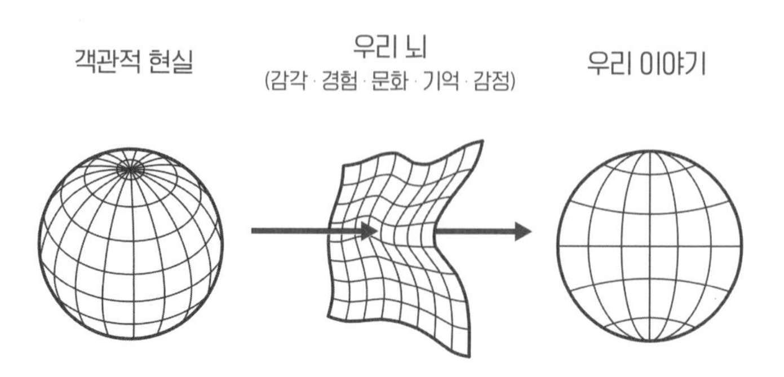

모른다는 사실을 모르는 뇌

서로 연결된 뉴런들이 분주하게 시뮬레이션 현실을 만들고 있음을 처음 발견한 사람은 케임브리지대학교의 심리학자 케네스 크레이크(Kenneth Craik)였다. 1940년대에 크레이크는 뇌가 현실을 시뮬레이션 모델로 삼아 사고하고 의식적 혹은 무의식적으로 최선의 행동을 결정한다는 이론을 정립했다. 그는 신경 작동 원리의 근원적 특징이 외부 사건들을 모델로 삼는 것이라 말했다.

크레이크의 이론은 이제 널리 통용되고 있다. 결국 우리가 만들어낸 이야기는 좀 더 나은 결과를 위해 미래의 사건들을 예상하며 여러 가지 시나리오를 돌려볼 수 있는 일종의 현실 세계 시뮬레이션인 것이다. 우리는 그 이야기 속의 주인공인 셈이다. 우리는 목표를 향한 최선의 길을 찾고자 다음 장면을 하나하나 그려가고 있다. 원하는 목적지로 갈 수 없는 시나리오가 너무 많아서 항상 시나리오를 수정해야 하지만 말이다. 상황이 너무 최악인 시나리오의 경우에는 다행히도 머릿속에서 먼저 처참하게 실패해 본 다음 다른 이야기를 만들 수도 있다.

머릿속 도서관에서 개념을 끊임없이 연결해 봄으로써 여러 다른 시나리오를 경험할 수 있다. 그러고 나면 뇌가 이들 개념을 다시 재조합해 최고의 조합을 찾아 나설 것이다. 신경과학자 죄르지 부자키(György Buzsáki)는 뇌가 어떤 상황에서든 늘 최선의 추측을 하고 가장 그럴싸한 가설을 시험한다고 말한다. 뇌가 자동으로 최선의 추측을 반영한 시나리오를 현실 상황에 적용한다는 뜻이다.

내레이터는 거의 모든 상황에서 작동한다. 우리가 문제 상황이나 기회를 인지하는 방식에도 내레이터의 목소리가 반영된다. 우리가 맞닥뜨린 새로운 상황을 이해하기 위해 이미 알고 있는 것을 저장고에서 뒤져 관련된 해결의 실마리를 찾아내고, 그 실마리가 아무리 보잘것없어도 결국 거기에 의존하게 된다. 부자키 박사는 뇌는 "자신이 모른다는 사실을 모른다"라고 말했다. 모든 상황에서 뇌는 머릿속에 이미 존재하는 정보를 활성화할 수 있다는 것이다. 결국 성공은 과거를 토대로 이루어진 최선의 이야기가 현재 상황을 얼마나 잘 파악해 그려내는지에 달려 있다.

그러나 앞서 이야기한 종이 양말이나 파이프 그림처럼 이야기가 진짜 현실을 대체할 수는 없다. 현실에 대한 우리의 이야기는 현실을 닮아 있지만 그 자체로 현실은 아니다. 이야기는 내레이터가 우리에게 보여주고자 하는 현실의 반영이다. 이야기는 사실에 우리의 해석과 실마리를 더한 것이다.

앞에서 펄 박사가 했던 말을 기억하는가? 그는 세상이 사실과 더불어 사실을 이해하기 위해 필요한 인과관계로 얽히고설켜 있다고 주장하면서, 이 복잡하고도 주관적인 인과관계의 끈이 우리가 알고 있는 것 대부분을 차지한다고 주장했다. 우리의 지식에는 결국 사실과 상상이 혼재되어 있다. 이것이 잘못된 것은 아니다. 오히려 큰 장점이기도 하다. 예를 들어 사실과 상상이 구분되기 때문에 사람들이 이 간극을 메우기 위한 생각을 할 수 있다. 그러나 우리가 의견과 촉을 진짜 현실이라고 착각할 때 문제가 발생한다.

대부분 뇌는 현실을 충실히 반영한다. 예를 들어 나무나 자동차, 사람 등은 잘 묘사한다. 그러나 상황이 복잡해지면 뇌는 점점 더 추측에 의존하게 된다. 즉, 감각을 통해 알 수 없는 부분을 뇌가 추측으로 메우기 시작하는 것이다. 우리는 스스로 배우거나 타인을 통해 얻은 정보를 토대로 다음 단계에 할 일을 결정한다. 또 우리 머릿속 혹은 주변에서 일어나고 있는 일을 잘 이해하고 있다고 생각한다. 뇌가 아주 그럴싸한 이야기, 즉 예측을 보여주기 때문이다. 그러나 이런 이야기는 특히 상황이 바뀌었을 때 자주 빗나간다.

예를 들어 당신이 차를 운전하고 있다고 생각해 보자. 당신은 전방과 사이드미러, 백미러를 주시하면서 아마 주변을 전부 잘 살피고 있다고 생각할 것이다. 그러나 실제로는 순간적 안구 움직임을 통해 뇌에서 일련의 이미지들을 만들어내어 사이사이의 간극을 메우고, 이를 한데 묶어 보여주고 있는 것뿐이다. 그래서 정지 신호 때 양쪽을 다 보고 있어도 다가오는 오토바이를 놓치는 일이 생기는 것이다. 그것이 뇌가 생성한 이미지들 사이를 빠져나갈 수 있을 만큼 찰나의 순간이기 때문이다. 당신이 다른 사람들로부터 잘못된 정보를 받아 이야기를 만들었을 때도 비슷한 일이 일어난다. 예를 들어 엄마가 좋은 직장을 구하는 확실한 방법이 대학원 진학이라고 권했을 수도 있고, 친구가 내슈빌로 오면 최고의 계약을 따낼 수 있을 것이라 장담했을 수도 있으며, 당신의 첫 직장 상사가 고객은 언제나 왕이라고 말했을 수도 있다. 그러나 이것들은 사실이 아니다.

이미 검증된 신뢰도 높은 예측을 토대로 할 때도 마찬가지다. 매일 걷는 아파트 단지를 생각해 보자. 일반적으로 우리는 무의식적으로 길을 걷는다. 나의 보폭과 걷는 속도를 뇌가 이미 알고 있기 때문에 보지 않고도 다음 걸음을 내디딘다. 그러나 가끔은 새 구두를 신어 힐 높이가 살짝 올라가 있을 수도, 길가 블록에 없던 틈이 벌어져 있을 수도 있다. 비가 와서 땅이 젖어 있을 수도 있다. 깊은 생각에 잠겨 있거나 바쁠 때는 뇌가 이런 새로운 정보들을 감안할 시간이 없다. 그러면 결국 넘어지게 되는 것이다. 맥락과 상황이 바뀌는 바람에 뇌가 알고 있던 기존의 이야기를 더 이상 믿을 수 없게 된 것이다. 고대 철학자 헤라클레이토스(Heracleitos)는 "사람은 같은 강물에 발을 두 번 담글 수 없다"라는 명언을 남겼다. 변하는 상황에 맞춰 사고를 바꾸지 않으면 우리의 이야기는 더 이상 믿을 수 없다.

우리가 보는 것과 아는 것, 혹은 본다고 생각하는 것과 안다고 생각하는 것이 항상 맞는 것은 아니다. 이 지점에서 우리 이야기가 고장 날 수 있다. 우리의 인식은 불완전하다. 같은 사건에 대해 목격자들이 서로 다른 진술을 하게 되는 것도 이 때문이다. 가슴에 손을 얹고 생각해 보면 사실 이런 (그다지 심각하지 않은) 예측 오류는 자주 일어난다. 머릿속에서 두 가지 개념에 대한 상관관계를 만들었지만 의미를 잘못 파악한 것이다.

내레이터는 감각을 통해 취합한 것을 경험과 공동체 그리고 상상력이라는 필터를 통해 처리한 후 (분명 진짜 양말이고 진짜 파이프였던) 그 사실에 관한 이야기를 당신에게 들려준다. 그러나 그 이야기는 사실이 아니다. 당신의 뇌가 최선의 추측을 토대로 만든 카피일 뿐이다. 자동차 키가 어디 있는지 찾거나 집 앞 횡단보도를 건너는 것처럼 단순한 일상에서는 뇌가 현실을 꽤 충실히 반영한다. 그러나 더 복잡한 상황을 해석해야 할 때 뇌는 가끔 완전히 잘못 짚을 때가 있다. 남들이 무슨 생각을 하는지 추측하려고 하는 것이 대표적이다.

독심술의 비밀

그 누구도 말 그대로 다른 사람의 마음을 알 순 없지만 표정이나 보디랭귀지, 목소리 톤 같은 비언어적 힌트를 통해 다른 사람의 생각을 꽤 잘 추측해 볼 수는 있다. 이렇게 추측한 내용을 머릿속 도서관과 경험에 결합하면 다른 사람이 무슨 생각을 하는지 꽤 성공적으로 알아낼 수 있다. 심리학자들은 이렇게 다른 사람의 생각을 추측하는 능력을 '마음 이론(Theory of Mind)'이라고 부르는데 놀랍게도 우리는 아기 때부터 이 능력이 아주 뛰어나게 발달해 있다. 아기들은 다른 사람의 정신 상태와 기분, 심지어 의도를 알아채는 능력을 갖추고 태어난다. 아기 때부터 가지고 있던 이 능력은 어른이 될수록 발달한다. 가족이나 회사 동료가 화났을 때 그들이 쓰는 언어나 침묵을 통해서 기분이나 생각을 알아챌 수 있다. 우리는 심지어 동공 움직임이나 미세한 표정 변화를 통해 상대방이 믿을 만한 사람인지도 파악할 수 있다. 우리는 이런 능력을 아기들보다 훨씬 복잡한 상황에서 사용한다. 계약을 체결하거나 협상할 때, 상사에게 프로젝트를 허락받을 때, 신제품을 론칭할 때, 조언을 하거나 팀을 이끌 때도 활용한다. 다른 사람이 무슨 생각을 하는지 꼬리에 꼬리를 물며 끊임없이 추측을 이어 나간다.

뉴런 연결망이 워낙 복잡하다 보니 우리는 이런 생각을 꽤 길게 이어 나갈 수 있다. 실제로 과학자들은 포유류의 신피질이 전체 두뇌에서 차지하는 비중과 해당 포유류가 교류하는 사회적 집단의 크기가 직접적으로 연관이 있음을 밝혀냈다. 인간의 뇌는 사실상 사회적 맥락에서 이토록 복잡한 추측과 추론을 하도록 설계되어 있는 것이다. 당신이 결혼했거나 연애를 시작했다면, 직장을 구했거나 집을 팔았다면, 연봉 협상을 잘했거나 모임을 잘 이끌고 있다면 당신의 상상력은 꽤 잘 작동하고 있는 것이다. 이런 능력은 삶을 헤쳐나갈 때 아주 중요하다.

신경심리학자 엘코넌 골드버그(Elkhonon Goldberg)는 이 능력을 사회적 상호작용을 위한 '접착제'라고 불렀는데, 이런 마음 이론 능력이 부족한 사람들은 사회적으로 매우 불리한 위치에 놓인다. 이런 이들을 우리는 보통 사회성이 떨어진다고 일컫는다. 사회성이 떨어진다는 것은 상상력이 부족하다는 것과 일맥상통한다. 정말 유용한 능력치가 아닐 수 없다. 실제로 몇몇 학자들은 다른 사람의 마음을 상상할 줄 아는 능력이 자신의 마음을 들여다보는 능력의 기초가 된다고 말한다. 그러나 이러나저러나 해도 결국 다른 사람들의 생각에 대해 우리가 추측하는 것은 언제나 상상일 뿐이다. 상황이 복잡해지면 우리는 추측 위에 추측을 한 겹 더 씌우게 된다. 이렇게 추측이 이어지다 보면 이야기가 잘못될 확률은 자연스레 높아진다. 설상가상으로 뇌는 기본적으로 '이유'를 찾도록 디자인되어 있다. 그래서 다른 사람의 마음을 모르겠으면 이유를 만들어내서라도 이해하려고 한다. 그래서 나름의 이유를 추측하게 되는데, 가끔은 이 추측이 완전히 빗나가기도 한다.

'그 사람이 그렇게 말한 이유는 그 여자가 프로젝트에서 빠지길 바라서일 거야.'

'그 여자가 나한테 자주 말을 거는 이유는 내가 재밌다고 생각해서일 거야.'

'그 남자가 늦는 이유는 내 시간을 존중하지 않기 때문이야.'

'저 여자가 내 차를 차도 밖으로 내몰려고 했어.'

우리는 다른 사람의 생각과 의도를 추측할 수 있지만 이 추측은 사실을 아는 것과는 분명히 다르다. 우리의 뇌 속 이야기가 현실에 기반하지만 현실 그 자체는 아닌 것처럼 말이다. 우리의 이야기는 항상 틀릴 가능성이 있다. 우리의 추측이 예상을 벗어나면 뇌는 보통 꽤 빠르게 상황을 수습하고 상황에 적응한다. 추측이 어긋나자마자 다른 개념이 저장된 머릿속 도서관을 찾아가 다른 연결고리를 생성하고 좀 더 유용한 조합을 찾는 것이다. 이 과정은 우리가 하나의 목표에 집중하고 있을 때 특히 중요하다.

두 다리 없이 오르는 암벽 등반

17세의 휴 허(Hugh Herr)는 암벽 등반 세계에서 신동과도 같은 존재였다. 그는 여덟 살 때 이미 캐나다 앨버타 남쪽에 위치한 템플산의 해발 3500미터가 넘는 정상까지 등반을 마친 상태였다. 십대가 되자 뉴욕 올버니 근처 유명 암벽 등반 코스인 샤완겅크 능선

(Shawangunk Ridge) 중 어려운 코스를 세계 최초로 첫 시도에서 등반에 성공한다.

그러던 1982년 1월, 허는 뉴햄프셔 화이트산맥(White Mountains)에서 가장 높은 봉우리인 워싱턴산에 오르기 위해 떠났다. 그리고 그 등반은 악몽으로 변했다. 강력한 눈보라 때문에 오도 가도 못하게 된 그는 하산하면서 길을 잃었고 거의 목숨을 잃을 뻔했다. 동상으로 두 다리가 망가졌다. 결국 회복이 불가능했던 두 다리를 무릎 아래로 절단해야만 했다. 의사는 허에게 다시는 등반할 수 없을 것이라고 말했다. 허가 어떻게 반응했을 것 같은가?

대답하기 전에 우리의 이야기가 과거 경험뿐만 아니라 미래 목표의 영향도 받는다는 것을 떠올려 보자. '다음에는 무얼 해야 하지?'라는 질문은 결코 의미 없지 않다. 우리는 늘 과정의 끝인 목표를 마음속에 두고 있고 이를 성취하기 위한 최고의 방법을 찾고 있다. 물론 그 가짓수가 너무나 방대하기 때문에 모든 가능성을 생각할 수는 없다. 그래서 내레이터는 하나의 줄거리를 만들고, 우리가 추구하는 목표에 맞춘 이야기를 들려줌으로써 선택의 문제를 해결한다. 이 과정에서 필연적인 결과가 발생한다. 바로 뇌가 목표를 성취하기 위해 이야기를 만들고 그 목표가 다시 이야기에 영향을 미치게 되는 것이다.

허의 의사가 전한 이야기는 양다리가 절단된 이들이 할 수 있는 것들에 대한 추측을 포함한다. 그리고 그 추측은 의사로서 여러 해 동안 쌓아온 경험에 기반한 것이었다. 또 삶이 송두리째 뒤바뀌었을 것으로 보이는 환자에게 도움을 주는 것이 의사의 목표인 것도 한몫했을 것이다. 당연히 의사는 허가 다시는 암벽 등반을 할 수 없을 것이라고 생각했다.

그러나 허는 이 이야기를 따르지 않았다. 허는 진짜 양말과 양말이 인쇄된 종이를, 진짜 파이프와 파이프가 그려진 그림을 구분했다. 이후 그는 자신이 다시 암벽 등반을 하는 모습을 꿈꿨다고 회상했다. 다시 암벽 등반을 하는 것이 그의 목표였던 것이다. 그러나 두 다리 없이 암벽 등반이라니, 의사뿐만 아니라 이 책을 읽고 있는 우리도 불가능하다고 생각할 일이다. 그러나 허는 우리와는 전혀 다른 시나리오를 가지고 있었다. 허는 그간의 경험에 비춰보면 암벽을 딛고 올라갈 때 빼고는 등반에 다리가 필요하지 않음을 깨닫게 되었다. 작가 앨리슨 오셔스(Alison Osius)가 바라본 허의 뇌 속 이야기는 놀라웠다.

"제가 다리를 잃은 것이지 생각이나 정신을 잃은 것이 아니잖아요. 전 열정적인 암벽 등반자에게 필요한 지식과 자세를 이미 갖추고 있어요. 또 암벽에 내 몸을 위치시키는 방법도 여전히 알고 있고요. 제겐 제 육체와 머릿속 모든 생각을 연결해 줄 기기, 기계적 장치가 필요할 뿐이었어요. 장애는 저한테 있는 게 아니라 인공 보철 기술에 있었던 거죠."

허의 내레이터는 의사의 내레이터와는 완전히 다른 자료로 생각하고 있음이 분명했다. 등반을 하겠다는 굳은 의지로 허는 자신만의 인공 보철 기기를 제작했다. 그리고 그는 등반하기 위해 산으로 향했다. 서로 다른 추측과 서로 다른 목표가 서로 다른 이야기를 만들어냈다. 그러다 보니 서로 다른 전략과 더 나은 결과가 도출되었다. 허는 이제 암벽 등반을 다시 할 수 있게 되었을 뿐만 아니라 더 높이 그리고 더 빠르게 오를 수 있게 되었다. 그의 금속 다리는 추위를 타거나 고통을 느끼지 않았고, 그가 직접 설계한 발 기계 역시 암벽 사이 작은 틈에 더 잘 맞았다. 게다가 몸무게 역시 4.5킬로그램 정도 가벼워졌다. 사고 후 1년이 지난 1983년 봄, 허의 이 엄청난 재기

사연은 잡지 《아웃사이드》의 표지를 장식했다.

휴 허가 이렇게 암벽 등반을 할 수 있었음에도 불구하고 왜 그를 치료했던 의료진은 그것이 불가능하다고 생각했을까? 단순히 허가 의료진보다 더 강하고 대담하고 용기 있어서였을까? 아마도 아닐 것이다. 다만 그는 분명 다른 목표를 가지고 있었기에 의료진을 발목 잡았던 바로 그 추측들의 영향으로부터 자유로웠다. 불가능해 보이는 상황을 마주한 허는 양다리를 잃은 사람은 암벽 등반을 할 수 없다는 상식적인 반응에 기꺼이 의문을 제기했다. 그러면서 그는 암벽 등반을 하려면 무엇이 필요한가를 물었다.

허의 이야기는 아주 중요한 진실을 보여준다. 가끔 우리의 목표는 우리가 더 나은, 그리고 더 힘이 나는 이야기를 상상할 수 있도록 도와준다. 목표에 집중하다 보면 그 목표로 향하는 이야기를 만들기 위해 우리는 수중에 있는 모든 아이디어를 재조합하게 된다. 뇌가 들려주는 이야기를 토대로 우리는 전혀 다른 결말을 만들어낼 수 있다.

질문이 필요할 때

뇌는 매일 연결고리를 만들면서 동시에 경험에 의미를 부여할 수 있는 이야기를 만들어낸다. 이 이야기들을 가지고 우리는 점심 식당을 고르거나('거기 타코가 이 동네에서 제일 맛있어'), 고객과 협상하거나('체결을 밀어붙여 보자, 거의 살 것 같으니'), 새로 개봉한 영화가 재미있을지 판단하거나('이 감독은 한 번도 날 실망시킨 적이 없어') 일상의 소소한 활동을 해나간다.

일반적으로 우리의 생각은 현실을 꽤 잘 해석한다. 당신이 지금 이 책을 읽고 있다면 아마도 당신 분야를 꽤 잘 이해하고 있고 해당 업계에서 성공하려면 무엇이 필요한지도 잘 알고 있는 사람일 가능성이 크다. 그러나 항상 그런 것은 아닐 것이다. 우리는 우리 이야기가 생각만큼 잘 작동하지 않는 상황에도 노출된다. 오랜만에 찾아간 가게의 타코 맛이 별로였을 수도 있고, 기대와는 달리 고객이 갑자기 마음을 바꿔 나의 이메일을 무시할 수도 있으며, 내가 본 영화가 그 감독의 몇 안 되는 실패작일 수도 있다. 내레이터는 유용한 가이드가 될 수 있지만 항상 옳은 가이드는 아니다. 이런 오류들을 극복하고 미래에 더 나은 결과를 만들기 위해서는 지금 상황에 대한 질문이 반드시 필요하다.

추측이 현실의 벽에 부딪혀 시험당할 때 우리는 배우고 성장한다. 그러고 나면 현실에 대한 좀 더 명확한 그림을 얻게 된다. 그렇게 더 나은 이야기를 하는 법을 알게 되면 예전에는 상상만 했던 결과를 실제로 만들어 낼 수 있게 된다. 다양한 이야기를 상상할 수 있는 능력이 우리 경험의 범주를 정한다고 볼 수 있다. 더 나은 상황을 꿈꾸는 능력이 인간의 진보와 성취 그리고 번영을 이끌어왔다. 이야기를 다시 상상해 볼 수 있는 능력은 우리가 문제에 봉착했을 때 우리의 삶을 개선하고 업무의 생산성을 높여주며 건강을 돌보는 것은 물론, 더 나은 배우자나 친구 그리고 부모가 될 수 있게 해주는 동력이다. 여기서 암벽 등반을 계속하느냐 아니면 포기하느냐의 차이가 생긴다. 허의 의사는 자신이 수술한 환자가 다시 등반을 할 수 있을 거라고는 상상하지 못했다. 그러나 허는 할 수 있었고 결국 해냈다. 무대로 나가 기조연설을 하는 일이 물론 다리 없이 암벽을 타는 것에 비해 그리 인상적이지는 않지만, 메건에게는 넘어야 할 산이었다. 그리고 그녀도 결국 극복해 냈다.

그 극복 과정에 대해서는 뒤에서 좀 더 자세히 다루겠지만, 일단 그녀의 친구 미셸이 문자에 답장을 했고 도움의 손길을 내밀었다는 점을 먼저 적어둔다. 미셸을 아는 사람이라면 그리 놀랄 일도 아니니다. 그녀는 그만큼 자애롭고 아낌없이 도움을 주는 사람이기 때문이다. 그러나 이런 미셸에게도 넘어야 할 자신만의 산이 있었다. 그리고 미셸의 이야기는 내레이터가 틀렸을 때 무엇이 필요한지를 보여주는 가장 이상적인 사례다. 이 이야기를 이제부터 해보기로 하자.

MIND
YOUR
MINDSET

2장

완벽한 시나리오는 없다

질문하기

정신적 쳇바퀴를 경계하라

마이클의 친구이자 메건의 친구인 미셸 쿠샛(Michele Cushatt)의 첫 직업은 간호사였다. 그러나 그녀는 대중연설에 대한 열정도 키우고 있었다. 밝고 경쾌한 톤의 목소리, 카리스마 있는 성격 그리고 흠잡을 데 없는 발표 스킬을 갖춘 그녀는 금방 자기계발 분야에서 인기 강연자가 되었다. 실제로 미셸은 커뮤니케이터로서 자질과 명성을 쌓으면서 대중 강연 코칭 강사라는 두 번째 직업을 가지게 되었다. 미셸의 고객 중에는 A급 연예인, 스포츠 선수와 뮤지션도 있었다. 10년간 업계 최고 위치에서 수많은 관중을 향해 연설해야 하는 고객들의 코칭을 맡아온 그녀였다. 그 와중에 그녀가 세운 대중 연설 관련 플랫폼도 라이브 쇼, 팟캐스트, TV 등을 통해 인기를 얻어가고 있었다.

그런데 어느 날 그녀는 하루아침에 목소리를 잃었다. 미셸은 5년간 세 차례 혀에 발생한 편평상피암 관련 항암 치료를 받았다. 그 과정에서 혀의 3분의 2 이상을 제거해야 했고 여러 번의 인공 피부, 조직 및 혈관 이식을 받아야 했다. 한 달 넘게 아무런 소리도 낼 수 없었다. 목소리가 돌아왔을 때는 소리가 엄청나게 변한 뒤였다. 소프라노 톤의 맑은 목소리는 알토 톤의 쉰 듯한 목소리가 되었다. 새로운 모습으로 재건된 혀 때문에 발음도 약간 부정확해졌다. 팟캐스트의 공동 진행자로 잠시 돌아왔을 때 청취자들의 반응은 부정적이다 못해 무례할 지경이었다. 사람들이 상처 주는 말들을 했다고 미셸은 회상했다. 고통스러워서 더는 못 듣겠다, 치과 가서 틀니를 교체하는 게 어떻겠냐, 대중 강연 코칭을 좀 받으라는 댓글도 있었고 심지어 정신적으로 문제가 있는 것 아니냐는 반응도 있었다. 그때 미셸은 이런 깨달음을 얻었다고 했다.

"내 삶 전체의 이야기가 바뀌었다는 것을 깨닫게 되

었어요. 그간 저 자신을 이 분야의 전문가로 생각하고 있었고 좋은 커뮤니케이션이 어떤 것인지 알고 있다고도 생각했죠. 그리고 저를 훌륭한 대중 강연자로 만들어준 이 따뜻하면서도 강력한 목소리를 절대로 잃을 일이 없다고 생각해 왔던 거예요."

이 깨달음을 시작으로 미셸은 약 1년간의 성찰을 시작했다.

'나는 누구인가?'

'내가 커리어를 바꾸어야 할까?'

'내가 대중 연설 코칭 강사, 컨설턴트 혹은 대중 강연자로 먹고살 수 있을까?'

그 와중에 뒤따르는 신체적 고통과 주변 상황을 정리하고 파악하는 데 들어간 감정적 에너지는 정말 어마어마했다고 미셸은 회상했다.

우리 자신이나 우리가 속한 세계에 관한 이야기가 더 이상 현실에 부합하지 않을 때 결과는 참혹할 수 있다. 우리의 성공 그리고 무엇보다 생존은 이야기가 맞닥뜨린 현실과 얼마나 잘 맞는가에 있다. 이게 어려운 이유는 이야기가 100퍼센트 정확한 경우가 없기 때문이다. 우리는 거의 무의식중에 자동으로 이야기를 만든다. 그 이야기들은 우리의 가정과 목적에 의해 결정될 뿐이다. 그 줄거리에 어울리지 않는 디테일한 정보는 무시된다.

뇌 속 내레이터는 보통 좋은 의도를 가지고 이야기를 만들지만 그렇다고 전지전능하지는 않다. 가끔 내레이터의 한계가 우리를 방황하거나 좌절하게 만들기도 한다. 메건과 남편 조엘도 마찬가지였다. 입양한 두 아이를 위해 제대로 된 해결책을 찾는 데 수년이 걸렸다. 도움을 줄 수 있는 치료 방식과 치료사를 찾기가 어려웠던 것이 한몫했지만, 더 큰 문제는 그들이 좋은 부모의 역할이라고 생각했던 것 중 많은 부분을 버리고 고쳐야 했기 때문이다. 즉 전략이 효과가 없었던 이유는 이야기가 잘못되었기 때문이었다.

스스로 막다른 골목에 서 있다고 느낄 때 우리의 이야기를 자세히 들여다봐야 한다. 지금부터 내레이터를 분석하는 방법에 대해 살펴볼 것이다. 또 우리의 이야기를 시험하고 사실과 사실이 아닌 것을 분리해 현실을 더 정확하게 이해하는 방식도 찾아낼 것이다. 첫 번째 단계는 사실을 골라내는 것이다. 그다음 그 사실들이 서로 잘 맞아떨어지는지를 확인해야 한다. 중요한 정보 중 놓친 것이 없는지 확실히 해야 한다. 이때 우리 생각을 객관화

시켜 다른 사람들에게 설명하는 것이 도움이 될 수 있다. 설명을 시작하려면 일단 에덴동산으로 돌아가야 한다.

"제발 사실만 부탁합니다"

앞서 인지과학자 주디어 펄 박사가 『성경』의 『창세기』에서 아담과 이브에 대해 흥미로운 사실을 발견한 것을 기억할 것이다. 하나님은 '무엇'을 물었지만 그 둘은 '왜'를 답했다. 이들은 가공하지 않은 원데이터를 뛰어넘어 해명한 것이다. 가자니가 박사가 실험한 양쪽 뇌 연결이 끊겼던 환자 P. S.도 마찬가지다. 우리 역시 그들과 다르지 않다. 인간 자체가 그렇게 설계되어 있기 때문에 어쩔 수 없다. 그래서 우리의 이야기를 분석하기 위한 첫 번째 단계는 바로 사실관계를 명확히 하는 것이다. 그리고 이는 무엇이 사실이고 무엇이 사실이 아닌 해명인가를 분리하는 데서 출발한다. 좋은 소식은 당신이 자신의 이야기를 적으면서 이 과정을 이미 시작했다는 점이다. 당신의 상황에 대해 스스로 믿고 있는 것을 상세히 적어 내려가면서 거기에 쓰인 단어를 분석할 수 있다.

먼저 이런 질문을 해보자.

'이야기에서 사실은 무엇인가?'

여기서 사실이란 진짜임을 검증할 수 있는 개념을 뜻한다. 즉 객관적 현실, 가공되지 않은 원상태의 데이터를 말한다. 진짜로 보인다고 해서 다 믿을 수 있는 것은 아니다. 작가인 메리 카(Mary Karr)는 팟캐스트에서 크리스타 티펏(Krista Tippett)과 이런 이야기를 나눴다.

카는 힘들고 상처가 가득한 유년 시절을 보냈고 이를 감당하기 위해 좋지 못한 전략을 배웠다. 그중 하나가 음주였다. 알코올 중독에서 벗어난 후 카는 한 멘토를 통해 세상을 살아가는 다른 방법을 배우게 되었다. 무언가 힘들거나 무서운 일이 생기면 카의 멘토는 그녀에게 '그런 감정을 일으키는 근원'이 무엇인지 물었다. 카는 그때마다 존재하지 않는 근원을 생각해 내곤 했다. 우리 모두가 그렇다. 앞에서도 계속 강조했다시피 뇌는 답을 원한다. 답이 없다면 억지로라도 답을 만들어낸다.

그런데 그 원인이 정말 현실에 존재하는 것인지, 아니면 당신 머릿속에만 존재하는 것인지 한번 생각해 보자. 당신의 정신 상태가 멀쩡한지를 묻는 질문이 아니다. 당신이 진짜 사실을 다루고 있는지 아니면 당신만의 가정을 다루고 있는지 알아보기 위함이다. 모든 생각이 사실은 아니다. 실제로 우리가 알고 있는 것 대부분이 원상태의 데이터가 아니다. 펄 박사가 말했듯이 우리 지식의 많은 부분은 원데이터들을 말이 되게 연결하기 위한 접착제다. 우리는 이 접착제의 연결 지점을 해부해 진위 여부를 확인하려고 한다.

지식	
사실 ⟷	의견
객관적	주관적
실제	예측
현실	이론
결과	가설
관찰 가능한	상상
사건	해석
확정	추측
확실성	추정
확인됨	근거 없음
영토	지도

당신은 객관적 사실이자, 관찰이 가능하며 확실히 실재하는 것들을 찾아야 한다. 실제로 존재하고 실제로

일어났던 일들 말이다. 이 과정에서 검증과 확증이 필요할 수도 있다. 유의해야 할 점은 많은 생각이 사실인 양 가면을 쓰고 있다는 점이다. 추측이 대표적이다. 추측은 실재하는 것이 아니라 두 가지 개념 사이의 인과관계에 특정한 의미를 부여하기 위한 시도다. 감정 역시 따로 분리해야 할 요소다. 감정은 느끼는 당사자에게는 실재하겠지만 객관적인 현실을 반영하지는 않는다. 모든 감정은 그 원인과 연결될 수 있는데, 예를 들어 '그녀가 나에게 버릇없이 굴어서 화가 난다'라든가 '내 생일이어서 행복하다'라는 식이다.

신경과학자 리사 펠드먼 배럿(Lisa Feldman Barrett)은 감정을 우리가 몸의 느낌에 스스로 붙이는 라벨 같은 것이라고 설명한다. 보통 공포나 불안 같은 느낌은 부정적인 감정으로 해석할 수 있지만 관찰과 인지를 통해 긍정적인 방식으로 해석할 수도 있다. 몸에서 느껴지는 감각과 그것이 실제로 의미하는 바는 다르기 때문이다. 감정은 사실이 아니다. 감정은 사실에 대해 당신이 느끼는 바다. 해석이자 이야기인 것이다.

결론도 마찬가지다. 결론은 사실이 의미하는 바에 대한 우리의 판단, 즉 이야기다. 물론 결론을 아주 철저하게 평가하면 사실로 검증될 수도 있다. 탐정물에서 이런저런 추리를 통해 진짜 범인을 찾아내는 과정과 비슷하다. 그러나 일단 지금은 좀 더 디테일한 정보에 집중하기로 하자. 가끔은 사실에 도달하기가 어렵기도 하지만 절대적으로 필요한 과정이다. 심리학자 칼 로저스(Carl Rogers)는 사실이 아주 친근한 존재라고 말한다. 당신이 듣고 싶지 않아 하는 이야기를 할 때조차 그렇다. 사실이 없다면 우리는 평생 뇌의 잘못된 이야기만을 믿으며 살아갈 것이다.

생각을 분석하면 당신은 경험에 대해 자주 의문을 제기하게 될 것이다. '내가 봤다고 생각하는 것을 내가 진짜로 본 것이 맞나?', '나는 그녀가 그렇게 말했다고 얼마나 확신할 수 있나?', '지금 스트레스를 잔뜩 받아서 내 인지능력이 저하된 건 아닐까?', '내가 착각했을 가능성은 없나?'처럼 많은 질문이 당신을 기다리고 있다.

사실을 분리하면서 데이터의 한계와 확증 편향을 조심해야 한다. 관련성 있는 사실을 관련성 없는 것들로부터 분리해야 한다. 긍정적인 이야기를 만들기 위해 특정한 방향으로 사실을 늘어놓고 싶은 유혹이 들 수 있다. 그러나 결론을 내기 전에 사실들을 쭉 한번 나열해 보자.

모호한 데이터와 성급한 결론

잉카 문명의 곡물로 불리는 퀴노아는 세간에 알려지면서 기적의 음식으로 각광받았다. 특히 글루텐에 과민반응하는 소아 지방변증처럼 특이한 식이 질환을 앓고 있는 이들에게는 엄청난 희소식이었다. 안데스 산간 지역 농부들이 주로 소비하던 이 곡물은 얼마 안 있어 부유한 선진국에서 엄청난 인기를 끌게 되었다. 수요가 늘면서 자연스레 가격도 올랐는데, 몇 년 되지 않아 가격이 무려 세 배로 폭등했다. 그러던 중 연구자들은 정작 주요 소비층이었던 퀴노아 재배 농가에서 곡물의 소비가 점점 줄어드는 기이한 현상을 발견했다. 이 소식이 알려지자 언론에서는 이를 앞다투어 다뤘다. 《가디언》은 '비건들이 퀴노아에 대한 이 불편한 진실도 소화할 수 있을까?'라는 도발적인 헤드라인을 내걸었다. 이 기사는 가난한 페루와 볼리비아 농부들이 돈을 아끼기 위해 자신이 직접 경작하는 곡물이 아닌 수입 패스트푸드를 먹는다며 개탄했다. 그러나 이 기사는 절반의 진실만을 담고 있었다. 알고 보니 농부들은 퀴노아 경작을 통해 많은 돈을 벌게 되어 이 돈으로 다른 음식을 경험해 보고 있었던 것이다. 세계적인 퀴노아 소비로 굶주린 것이 아니라, 늘어난 수익으로 선택할 수 있는 음식의 종류가 많아진 것이다.

여러 가지 일이 동시에 발생했을 때 우리는 하나를 다른 하나의 원인으로 규정하는 것에 신중해야 한다. 부자키 박사는 상관관계를 주장할 때 흔히 생각해 내는 원인이 자주 해석을 왜곡시킨다고 말했다. 다른 요인들이 원인일 수도 있기 때문이다. 예를 들어 선글라스와 아이스크림 매출이 동시에 증가했다고 치자. 누구도 선글라스가 아이스크림 매출을 증가시켰다고 결론 낼 수 없을 것이다. 그렇게 따지면 익사 사망 건수 역시 같이 증가했는데 선글라스와 연관 지을 수 없기 때문이다. 이처럼 한 요소가 다른 요소의 원인은 될 수 없지만 이들을 한데 엮는 공통의 요소는 존재한다. 바로 날씨다.

문제에 대해서 우리가 알고 있는 것만큼이나 모르고 있는 것을 인지하는 것은 중요하다. 뇌는 우리가 경험한 파편들을 연결하느라 쉬지 않고 일한다. 신속히 의미를 만들어내기 위해 뇌는 빈 곳을 채우기도 하고 무언가를 빼기도 한다. 그래서 우리가 'X가 Y를 야기한다'고 알고 있더라도 진실은 'Z가 Y를 야기한 것'일 수도 있다.

우리는 아이가 비디오게임을 좋아해서 숙제하기를 싫어한다고 가정할 수 있다. 이 가정이 맞을 수도 있지만, 사실은 아이에게 학습 장애가 있을 수도 있다. 우리는 직장 동료가 상사의 총애를 받아서 승진했다고 생각할 수 있지만 그 동료가 고객 만족도 부문에서 더 좋은 점수를 받았을 수도 있는 것이다. 머릿속 이야기가 무엇이든 간에 우리가 가지고 있는 증거에 기반해 그 이야기를 파악할 수 있는가를 물어보는 것이 중요하다. 이 질문을 하면 어쩔 수 없이 연결고리와 결론을 자세히 살피게 된다. 이 이야기가 논리적으로 합당한지 아니면 빈틈이 많은지를 파악할 수 있는 것이다. 우리가 어떤 개념이나 문제에 대해서 모두 알 수는 없지만, 이해하지 못하고 넘어간 그 빈틈이 가끔은 엄청난 결과를 초래할 때도 있다. 기자 마이클 블라스틀랜드(Michael Blastland)는 이것을 '숨겨진 절반'이라고 표현했다.

우리는 확실함을 추구하지만, 반쪽짜리 정보가 가득한 오늘날의 세상에서 확실함을 얻어내기란 너무 힘들다. 우리는 거의 항상 부분적인 정보로 작업하고 있으며 개연성에 의지해 의사결정을 하고 있다.

당신이 비유를 사용하는 이유

우리도 모르는 사이에 부분적인 정보만으로 생각을 이어가고 있음을 확인할 수 있는 대표적인 예가 바로 '비유'의 사용이다. 비유는 우리의 생각과 행동에 지대한 영향을 미친다. 비유는 마치 번개처럼 하나의 아이디어를 다른 아이디어에 연결한다. 비유는 한 개념의 의미를 빌려 다른 개념의 의미를 알려준다. 이런 식으로 개념을 연결하면 우리는 알고 있는 지식의 폭을 뛰어넘어 이해할 수 있게 된다. 그래서 우리는 소중한 기술인 비유를 항상 사용한다. 어떤 주제에 관해 설명하려고 할 때 얼마나 많은 비유를 쓰고 있는지만 살펴봐도 알 수 있다. 바로 위 문단에서만도 '번개', '빌리다', '뛰어넘다' 같은 비유가 여러 차례 등장했다. 작가 제임스 기어리(James Geary)는 우리가 10~25개 단어당 한 번의 비유를 사용하는데 이는 1분당 여섯 개의 비유를 사용하는 셈이라고 설명한다. 비유는 일종의 지름길이다. 뇌는 이 지름길을 정말 좋아한다. 아니, 사랑한다. 개념을 연결하는 이 지름길이 없었다면 우리는 아마 현실을 이해하고 설명하는 데 정말 많은 시간을 써야 했을지도 모른다.

그러나 비유는 자주 직면한 상황을 오해하게 만들기도 한다. 비유에 몰두하다 보면 그 비유에 맞는 렌즈를 통해서만 우리 앞에 놓인 상황을 보게 된다. 『삶으로서의 은유』의 저자 조지 레이코프와 마크 존슨은 경험의 일관성을 확보하기 위해 비유의 렌즈로 상황을 보게 되면 비유의 힘이 더 강화된다고 말한다. 이런 면에서 비유는 결국 자기충족적 예언이 되고 마는 것이다.

'X는 Y 같다'는 비유를 사용하게 되면 X를 Y의 맥락에서만 보게 된다. 그렇게 되면 Y는 예측은 가능해도 별 도움이 안 되는 전략을 도출하는 정신적 쳇바퀴로 전락할 수 있다. 예를 들어 교감 선생님을 '독수리처럼 매서운 사람'이라고 정의한다면 학생들은 그와 마주치는 것을 꺼리게 될 것이다. 어떤 친구를 '바위처럼 우직한 사람'이라고 생각해 버리면 그가 힘들어하는 모습을 놓칠 수 있다. 한 직원을 '천재적 재능이 있는 영업사원'이라고 생각해 버리면 여러 가지 다른 이유로 매출이 부진할 수 있는 달에도 이 직원의 실적만은 높기를 기대할 수도 있다. 당신이 알고 있는 작은 부분 때문에 더 큰 부분, 성공하기 위해 꼭 필요한 어떤 부분을 놓칠 수도 있는 것이다.

우리 안의 이야기를 분석할 때는 이런 비유들을 다 걷어내고 개념을 명료하게 봐야 한다. 당신의 이야기를 분석하면서 자주 사용하는 긍정적이거나 부정적인 비유에도 주의를 기울여 보자. 비유를 통해 당신이 진짜 원한 것이 무엇인지 생각해 보고, 그것이 진짜인지를 자문한 다음 비유 없이 이야기를 재구성해 보자. 그러면 이야기의 명확한 실체가 확연히 드러날 것이다.

언어의 덫

이야기를 분석하고 명확히 할 때 또 하나 필요한 작업이 바로 사용하는 언어를 살펴보는 것이다. 현재 영어에는 약 17만 개 정도의 단어가 사용되고 있다고 한다. 그러니 하나의 생각을 전달하기 위해 단어나 문구를 선택하는 것은 상당 부분 당사자의 재량인 것이다. 이것은 당신이 선택하는 언어가 굉장히 중요하다는 것을 의미하기도 한다. 언어는 한 사건의 사실을 전달할 뿐 아니라 그 사실로 당신이 만들어낸 이야기를 드러내기도 한다. '앉으세요', '앉아주시겠어요?', '자리에 앉아', '의자에 엉덩이 대!' 이 모든 말이 결국 같은 의미지만 드러내는 이야기의 맥락은 모두 다른 것처럼 말이다.

언어와 이야기는 쌍방으로 작용한다. 그래서 때로는 우리가 선택하는 언어가 이야기에 영향을 주기도 한다. 우리가 부정적인 언어를 사용하면 이야기 역시 그쪽으로 강화되는 것이다. 이렇게 언어는 이야기를 한정 짓기도 하고 변화시키기도 한다. 마이클은 특히나 출장으로 바빴던 시기에 이런 비슷한 경험을 한 적이 있다. 강연을 위해 다시 비행기에 올라야 한다고 생각하니 약간의 피로와 짜증이 올라오던 때였다. 그의 소재를 묻는 친구의 전화에 그는 이렇게 답했다.

"산호세로 가는 중이야. 회의 연설을 해야 해서."

이 말을 하는 와중에 그 스스로도 목소리에서 자신이 내켜하지 않음을 느낄 수 있었다. 전화를 끊고 깨달음이 찾아왔다. 그는 연설을 '해야 하는' 것이 아니었다. 연설을 할 수 있는 기회를 얻은 것이다. 그렇게 생각이 꼬리에 꼬리를 물었다. 그는 연설하는 직업을 선택한 사람이고 이 초대에 응하기로 한 사람이기도 했다. 많은 이들이 이런 기회라면 돈을 받지 않고서도, 아니 돈을 내고서라도 응할 터였다. 그런데도 사람들은 돈을 주면서 그를 초대했다. 친구와의 2분 남짓한 짧은 대화가 그의 태도를 완전히 바꾸어놓았다.

스스로의 자율성을 약화하는 언어를 쓰는 것은 이야기가 잘못되고 있다는 신호다. 당신이 왜 그 언어를 선택하게 되었는지를 생각해 보자. 가끔은 입에 자동 모터가 달린 것 같을 때도 있다. 습관적으로 아무 생각 없이 말하기도 한다. 그러나 의식적으로 주의를 기울여야 한다. 생각의 시작점을 따라가 보자. 그 시작을 분석하고 어떻게 하면 좀 더 긍정적인 톤으로 이야기를 재구성할 수 있을지 생각해 보자.

처음에는 소소하게 시작해도 좋다. '해야 한다' 대신 '하게 됐다'를 써보는 거다. 약간의 연습과 인내가 필요할 수도 있다. 그래도 바뀐 언어를 사용하면서 당신의 태도에 어떠한 변화가 생기는지 느껴보자. 우선 감사한 마음이 들 것이다. 어떤 일을 꺼리거나 후회하기보다는 그 일에 감사하게 된다. 그리고 감사함을 더 많이 표현할수록 기분이 좋아지고 성과도 개선될 것이다. 스스로의 자율성을 강화하는 언어를 선택하는 것만으로 당신의 기분과 생각 그리고 성과를 좌우할 수 있는 힘을 갖게 되는 것이다. 엄청나지 않은가!

그런데 가끔은 언어의 문제가 아닐 수도 있다. 당신의 이야기를 에워싸고 있는 맥락의 변화가 진짜 문제일 가능성도 있다.

판이 변할 때

1784년에 최초의 미국 지도를 그린 미국인은 에이블 부엘(Abel Buell)이라는 판화가였다. 그는 지도 제작자가 아니었기 때문에 지도를 그리는 데 필요한 기초 자료가 없었다. 대신 그는 다른 지도들을 참고했다. 결국 부엘의 지도는 실제 강과 산맥, 해안이 아닌, 다른 이가 그린 것을 또다시 베낀 모습일 수밖에 없었다. 당연히 그의 지도는 매우 부정확했다. 코네티컷이 펜실베이니아 동쪽이 아닌 서쪽에 자리하고 있었고 미시간 반도는 북서쪽으로 기이하게 기울어져 있었다. 그러나 부엘의 지도는 그 전의 지도들보다 크게 업그레이드된 버전이었다. 새로이 합류한 주들의 경계선이 포함되어 있었고, 당시에는 장거리 이동을 할 때 도로가 아닌 수로를 이용했기 때문에 부엘의 지도에 나타나 있는 강들의 위치와 연결 지점들이 유용했다. 과거에는 많은 사람에게 도움을 주던 지도였지만, 오늘날 부엘의 지도는 이동을 할 때도, 주들 간 지리적 경계를 이해할 때도 전혀 도움이 되지 못한다. 1784년 이후 정말 많은 것이 바뀌었기 때문이다. 부엘의 지도처럼 어떤 시점, 어떤 장소에서는 사실이고 유용했던 아이디어들도 다른 시점, 다른 장소에서는 그렇지 않을 수 있다.

뇌의 이야기와 마찬가지로 지도 역시 목표나 목적을 반영한다. 지형도와 도로 지도 그리고 기상도는 같은 지역이라도 매우 다른 모습으로 그려진다. 이 중 어떤 것이 정확한 것일까? 그것은 당신이 어떤 목적으로 지도를 보느냐에 달려 있다. 도보 여행을 위해 지형을 알아야 한다면 지형도가 맞는 선택이다. 목적지까지 차로 이동할 예정이라면 도로 지도를 가져가야 한다. 목적지에 도착한 날 복장을 고르려면 기상도가 제일 좋을 것이다. 캘리포니아로 차를 타고 이동하면서 기상도를 사용한다면 지도가 영 별로라고 느낄 공산이 크다.

이것은 이야기에도 똑같이 적용된다. 목적이 이야기를 만든다. 그렇기 때문에 목적이 이야기와 맥락이 맞지 않는 순간 문제에 봉착하게 되는 것이다. 일이나 인간관계에서 당신의 기대치는 어떻게 변했는가? 이 변화된 맥락에서 당신의 이야기는 어떻게 바뀌는가?

이런 변화는 '기존의 사실'이나 '모범 사례'를 다른 맥락에 적용하려고 할 때 특히 중요하다. 보통 사람들은 효과적인 아이디어를 알게 되면 그것을 널리 보편화하고 싶어 한다. 한번 효과가 있었으면 다음번에도 효과가 있을 것이고, 이 상황에서 효과가 있었다면 다른 상황에서도 효과가 있을 것으로 생각한다. 이것이 '원칙' 혹은 '법칙'의 가치를 내세우는 책들이 인기 있는 이유다. 이런 책들은 사업이나 스포츠 혹은 기타 업계에서 엄청난 성공을 거둔 이들의 전문성을 토대로 나온 것이 대부분이다. 그들은 자신들에게 효과적이었던 경험을 일종의 삶의 규칙처럼 만들어서 선보인다. 이런 원칙들은 비슷한 상황에 놓인 사람들에게는 무난히 적용된다. 그러나 맥락상 변화가 너무 많아지면 그 원칙은 더 이상 힘을 갖지 못한다. 대표적인 사례 중 하나가 아이들이 사랑하는 장난감 블록 업계의 대표 주자인 레고 이야기다.

수없이 많은 세대의 아이들이 레고 블록을 갖고 놀았다. 그러나 1990년대 말 디지털 게임의 등장으로 업계는 고전을 면치 못하고 있었다. 레고의 첫 돌파구는 전자업계 쪽 경험이 많은 회생 전문가였던 폴 플러그먼(Poul Plougmann)을 고용한 것이었다. 기적을 만들어내는 사나이로 불렸던 플러그먼은 '혁신의 제7원칙'에 기반한 대담한 전략을 구사했다. '블루오션을 향해 가라', '혁파적인 혁신을 연습하라' 등 플러그먼의 원칙은 듣기에도 아주 근사했다. P&G나 사우스웨스트에어라인, 캐논 등 유수의 회사에서도 엄청난 효과를 보인 원칙이었다. 플러그먼은 레고 경영진에게 맥도날드와 코카콜라를 뛰어넘는, 아이가 있는 가족에게 세계 최강의 브랜드가 될 것을 종용했다.

그러나 결과는 참혹했다. 혁신을 위해 회사는 핵심 고객층인 '무언가 만드는 것을 좋아하는 아이들' 대신 '그런 것을 좋아하지 않는 아이들'에 집중했던 것이다. 다행히 회사는 핵심 제품에 역량을 기울이고 고객 의견을 수렴해 디자인에 반영하며 생산 절차를 간소화하는 등 실수를 만회하고 다시금 정상 궤도에 오를 수 있었다.

레고의 이야기는 제7원칙이 잘못되었다는 걸 보여주는 것이 아니다. 레고의 상황에서는 그 원칙이 전혀 효과가 없었다는 것을 보여주고 있다. 시애틀에서는 효과적이었던 것이 탬파에서는 효과적이지 않을 수도 있다.

공사 업계에서 잘 먹히던 이야기가 서비스 업계에서는 먹히지 않을 수도 있다. 우리는 이야기를 원칙이나 규칙 혹은 법칙에 녹여 넣을 때 그 과정이 성공하지 못할 수도 있다는 점을 인지해야 한다. 이렇게 때에 따라 바뀔 수 있는 맥락의 요소들을 아래에 정리해 보았다. 이들이 변화하면 당신의 이야기는 예전과 달리 정확도가 떨어질 수 있다.

- 인구
- 직원 채용
- 가용성
- 스타일
- 고객
- 경쟁자
- 교육
- 삶의 무대
- 위치
- 계절
- 시간대
- 재정
- 출생
- 결혼
- 이혼
- 죽음
- 선거 주기
- 규제
- 조세
- 날씨
- 건강

이런 요소들은 무궁무진하다. 블라스틀랜드의 말처럼 우리는 중요한 99퍼센트를 안다고 해도 모르는 1퍼센트 때문에 완전히 틀릴 수 있다. 작지만 유동적인 변수 하나가 전체 결과를 뒤바꿀 수도 있는 것이다.

과학자의 생각법

일반적으로 알려진 것과는 달리 과학은 원래 주관적이다. 과학 프로젝트는 생각의 아주 빈약한 부분을 믿고 어떠한 보장도 없이 실험이라는 어려운 관문을 통해 이 믿음을 증명해 내야 하는 작업이다. 그야말로 과학자들의 직관과 촉, 편견과 추측에 의존한다. 보통 과학자가 실험 데이터를 어렵사리 모으는 유일한 이유는 그들이 연구하는 명제의 사실 여부를 확인하기 위해서다. 충분치 못한 증거를 가지고 이를 증명해 내야 하는 것이다. 그러나 이 점을 제외하면 과학은 매우 객관적이다. 그렇다면 과학에서 주관성과 객관성의 차이는 어디서 비롯되는 걸까?

실험실에서 일하는 과학자는 상대적으로 잠정적인

사고 과정을 다루는 주관적 세계에서 활동하고 있다. 이들은 때로 직관으로 가설을 세우고 연구한다. 그러나 공개적으로 이 가설의 진위 여부를 주장하기 위해서는 객관적인 용어로 전달해야 한다. 그러지 않으면 철저히 외면당하기 때문이다. 그래서 과학의 개인적인 부분은 주관적이라 할 수 있지만 대중과 접촉해야 하는 외적 부분은 객관적이어야 하는 것이다.

문제는 우리가 때때로 우리만의 사고, 촉, 가설 등 주관적인 부분에 사로잡힌다는 점이다. 이럴 때 우리는 실제로는 존재하지 않는 연결고리를 만들게 될 공산이 크다. 우리가 이야기의 파편들을 연결할 때처럼 논리적으로 비약하게 되는 것이다. 이렇게 범하게 되는 오류 중 하나가 앞에서 다루었던 '목표가 이야기를 지배할 때'다. 특정한 결과 도출에 매몰되면 이야기를 바꿀 핵심 정보를 놓칠 수 있다. 과학자들은 이것을 '인지 편향'이라 부른다.

가계의 금전 상황 때문에 싸우고 있는 부부가 있다고 가정해 보자. 그들 앞에 놓인 금전적 가계 수치는 같지만 부부가 목표로 하는 수치가 각각 다르다면 '합리적 지출'에 대한 정의도 서로 다를 가능성이 크다. 사업, 정치 등 다른 맥락에서도 마찬가지다. 같은 사실을 보고 있으면서도 이를 다르게 엮어 다른 이야기를 도출할 수 있다. 우리의 욕망이 사실의 중요도를 파악하고 해석하는 과정에 영향을 미치기 때문이다. 또 다른 논리적 비약은 우리가 염두하고 있는 결론을 뒷받침하는 사실 증거를 무의식중에 찾거나 더 중요하게 생각할 때 일어난다. 과학자들은 이것을 '확증 편향'이라 부른다. 원하는 결론을 강화하고 다른 결론은 약화시키는 데이터의 유혹은 늘 위험하다.

그래서 과학자들은 자신의 방법론을 꼼꼼히 기록하고 논문에 자신의 결과를 발표해 이를 동료 과학자들에게 검토받는 방식을 통해 잘못된 결론에 이르지 않도록 노력을 기울인다. 즉 자신의 결과물을 남들에게 보여주는 과정이 필요하다. 이야기를 분석하는 방법도 마찬가지다. 이렇게 다른 사람에게 내 이야기를 검토해 달라고 부탁하는 것이다. 이것이 바로 주관성이 객관성이 되는 지점이다. 이 과정의 또 다른 장점은 자기 자신도 이야기에 대해 더 잘 이해할 수 있게 된다는 점이다. 다른 사람에게 나의 견해를 설명하려면 어쩔 수 없이 새로운 방식으로 그 주장을 샅샅이 살펴보게 된다. 당신의 뇌가 야기한 논리적 비약과 부조화는 다른 사람들에게는 수용되지 않을 것이기 때문이다. 당신에게 당연해 보이는 것도 다른 사람들에게는 아닐 수 있다. 이 과정을 통해 논리적 허점과 숨겨진 추측, 편견 등을 파악할 수 있게 된다. 이야기의 논리를 평가할 때 도움이 될 만한 몇 가지 질문을 아래에 추려보았다.

- 가정한 내용은 무엇인가?
- 최종 목적과 목표는 무엇인가?
- 내가 맞기를 바라는 부분은 무엇인가?
- 나는 객관적으로 판단하고 있나?
- 객관적 관찰자라면 어떻게 말할까?
- 어떻게 그 결론에 이르렀는가?
- 증명이 가능한 것인가? 어떻게 검증할 것인가?
- 우리가 알고 있는 사실로부터 이 결론을 도출할 수 있는가?

잘못된 이야기는 폐기하라

일린이 저조한 실적에 대한 마이클의 해명을 정면으로 반박했을 때 그는 비로소 자신의 이야기를 샅샅이 살펴볼 수 있었다. 일린이 이를 유도한 방식은 이러했다. 먼저 그녀는 그가 일정 부분 사실에 기초하고 있음을 인정했다. 유동 소매 인구나 유류비 등에 말이다. 그러나 그녀는 그 요소들의 중요도를 상대화했고 마이클이 왜 그것들을 한데 묶어 중요하다고 생각했는지 지적했다.

마이클이 만든 이야기에서 그 통계들은 영향력이 크고 매우 중요했다. 그러나 일린이 재해석한 내용에서 그 통계 요소들은 그저 요소에 불과했으며, 어느 정도 영향을 미칠 수는 있지만 결과를 좌지우지할 정도는 아니었다. 즉 마이클이 Y의 원인이라고 생각했던 X가 완전한 원인이 아니라는 점을 그녀가 일깨워 준 것이다. 그러면서 일린이 쐐기를 박은 것이 있다. 바로 우리가 비슷하거나 똑같은 요소들을 항상 직면하고 있다는 점이었다. 그녀가 물었다.

"근데 솔직히 시장은 항상 어렵지 않나요?"

다시 생각해 보면 이 '솔직히'란 표현이 재미있다. 마이클은 스스로를 속이고 있었고 일린이 이것을 간파한 것이다. 마이클은 이사회에 잘 보이고 싶었고 그들이 자신의 리더십에 의문을 갖지 않기를 원했다. 정확히 그런 목적이었다. 그리고 일린은 이 점을 확실히 알고서 허를 찌른다. '본인 리더십에 어떤 문제가 있어서 이런 상황이 온 것 같지는 않냐'는 폭탄 질문을 한 것이다. 이제 이 상황에 대한 공식을 다시 만들 필요가 있다. X와 함께 마이클의 리더십이 Y의 원인이 되었다. 마이클의 이야기에 대한 분석은 실적 목표치에 미달한 그의 변명을 송두리째 흔들었지만 동시에 다음 달 실적을 향상시킬 수 있도록 그의 능력치를 끌어올렸다. 외부 상황에 대해 그가 할 수 있는 것은 아무것도 없었지만 내부 요인인 마이클의 리더십은 더욱 창의적으로 발휘될 수 있었다.

일린은 그가 놓치고 있는 사실을 보여줌으로써 권한을 앗아가는 잘못된 이야기는 버리고 다른 방식을 취할 수 있도록 도와주었다. 그야말로 진실이 그를 자유롭게 해준 순간이었다.

메건와 미셸의 경우도 마찬가지였다. 메건이 미셸의 도움으로 대중 연설 울렁증을 극복할 수 있었던 이유는 바로 미셸이 암 투병 이후 자신의 이야기를 성공적으로 분석해 낸 사례 덕분이었다. 양다리가 절단된 암벽 등반가 휴 허와 마찬가지로 미셸 역시 그녀 앞에 놓인 상황에 굴복할 생각이 없었다. 미셸은 좋은 커뮤니케이터의 조건을 쭉 나열해 보았다. 거기에는 훌륭한 목소리와 딕션 등 다양한 요소들이 있었다. 그러고 나서 그녀는 이 목록이 정확한 것인지, 이 요소들이 정말 좋은 소통을 만들어내는 것인지 다시 한번 자문했다. 사실을 공고히 다지는 과정이었다. 미셸은 재차 목록을 검토해 보았고 탁월한 커뮤니케이터가 되기 위한 조건으로 완벽한 목소리나 발음은 중요하지 않다는 것을 깨달았다. 대중 연설가라면 모르겠지만, 훌륭한 커뮤니케이터는 공감 능력이 뛰어나고 진실되며 통찰력 있고 열정적인 사람이어야 했다. 미셸은 자신이 이 능력을 여전히 가지고 있음을 깨달았고 그래서 자신이 탁월한 커뮤니케이터라는 점을 다시 확인하게 된 것이다.

미셸의 이런 접근 방식은 이야기를 분석할 때 누구에게나 적용할 수 있다. 먼저 그녀는 자신의 현실에 대한 사실을 나열했다. 그런 다음 모든 사실을 파악했는지, 이 사실들이 서로 잘 맞아떨어지는지 확인했다. 그리고 마지막으로 이 작업을 토대로 자신의 이야기가 정확한지를 검증했다. 이 과정은 미셸의 삶에서 중요한 전환점이 되었다. 그녀는 훌륭한 커뮤니케이터가 되기 위한 조건을 충분히 생각해 보지 않았었고, 그래서 커뮤니케이터로서 자신의 커리어는 끝장났다는 잘못된 믿음을 가졌다. 자신의 이야기를 좀 더 꼼꼼히 살피고 분석했기에 미셸은 변화의 기반을 다질 수 있었다.

근거가 될 수 없는 직관

카레이싱 선수는 언제 브레이크를 밟을지 어떻게 판단할까? 레이싱카가 코너에 다다르자 선수는 급브레이크를 밟았다. 평소라면 그 속도를 유지한 채 빠르게 질주했을 것이지만 말이다. 덕분에 그는 코너 벽 때문에 보이지 않던 추돌사고 현장을 피할 수 있었다. 바로 이 찰나의 직관으로 그 선수가 목숨을 구한 건지도 모르겠다. 이후 이 사건에 대한 질문에 해당 카레이싱 선수는 왜 자신이 브레이크를 밟았는지 설명하지 못했다. 그저 멈춰야겠다는 생각이 레이스에서 승리하겠다는 생각을 앞섰다고 말했다.

심리학자들은 그 선수를 연구했고 그 순간을 다시금 떠올릴 수 있도록 현장 동영상을 그에게 보여주었다. 그제야 그는 왜 자신이 멈췄는지 깨달았다. 일반적으로 코너에 가까워지면 관중이 자신을 바라보기 마련인데 그날은 사람들의 시선이 다른 곳을 향한 채 얼어붙어 있었던 것이다. 코너가 끝난 지점의 충돌을 본 모두가 공포에 사로잡혀 충돌된 차들이 쌓여가는 모습을 지켜보고 있었던 것이다.

결국 선수가 잊고 있던 세부 정보는 바로 관중의 시선이었다. 그리고 이 점은 카레이싱 선수의 무의식적인 브레이크 본능을 일깨우기에 충분했다. 이 사건에 대해 저술한 리즈대학교 경영대 제러드 호지킨슨(Gerard Hodgkinson) 교수는 선수가 이 과정을 의식적으로 처리한 것이 아니라 무언가 직관적으로 잘못되었다는 것을 알고 적시에 멈춘 것이라고 말했다. 직관이 이 선수를 끔찍한 부상이나 사망으로부터 보호한 것이다.

마이클이 토머스넬슨 출판사의 CEO였을 때 회사는 연례 박람회 행사 참가를 위해 매년 50만 달러를 지출하고 있었다. 중요한 행사이긴 했지만 갑자기 이런 생각이 들었다. 이 행사가 과연 우리 자원을 가장 효율적으로 활용하는 것인지 묻지도 않은 채 의심 없이 매년 참가만 해왔음을 깨달은 것이다. 모두 연례 박람회 참가 비용을 필수 비용이라 여기고 있었다. 핵심 파트너사와 협력 업체들, 경쟁자들 역시 참가하고 있었다. 그러나 정말 필수적일까 하는 의심이 피어나기 시작했다. 누군가 '반드시, 필수적'이라고 말할 때는 그것이 필수적이지 않을 가능성이 크다. 절대적인 것은 없다.

그는 재무팀에 관련 수치와 통계 자료를 요청했다. 그리고 주주들에게 참석했을 때의 장점에 대한 설명을 요청했다. 이 모든 과정은 사실과 사실이 아닌 해명을 분리하는 작업이다. 우리가 이야기를 세세한 구성 요소들로 분해하면 각각의 연결고리들을 재차 살피게 되고, 예상하는 바와 같이 이야기가 목적에 잘 부합하고 있는지를 직접 확인하게 된다.

박람회 참석을 유지할 이유도 많았지만, 비전을 구축하고 작가와 출판 협력 업체 및 다른 파트너사들과 비전을 공유하는 등의 목표에 기반해 참석을 재고해 봐야 할 더 좋은 이유들이 있었다. 박람회와 관련된 자료를 검토하면서 그는 기존 박람회 참석 예산의 20퍼센트만으로 회의를 포함한 우리 회사만의 독자적인 행사를 열 수 있다는 것을 알게 되었다. 이렇게 행사를 진행하면 박람회 참석자들의 주목을 독차지할 수 있었다.

다시 그의 의식의 흐름으로 돌아가 보자. 일단 그는 가능한 한 모든 관련 사실을 모았고 그중 가정을 걸러내 회사의 최종 목표에 부합하는 결론을 도출할 수 있도록 했다. 그는 이 모든 과정을 협업으로 진행했다. 중요한 점은 그가 다양한 시각과 관점을 원했다는 것이다. 그리고 이렇게 얻은 정보들을 토대로 의사를 결정했다.

새로운 형태의 박람회 행사를 진행할 것인가 말 것인가? 데이터만으로는 자신의 의사결정에 100퍼센트 확신을 갖기가 힘들다. 다른 사람들과 협의를 거쳤다고 해도 마찬가지다. 이 모든 과정을 통하면 60퍼센트에서 70퍼센트 혹은 80퍼센트 정도의 확신을 얻을 수 있을지 모른다. 위험 요소와 보상 요소를 저울질하면서 결국 직관에 의존해야 하는 경우가 많다. 이제부터 우리는 직관을 살펴볼 것이다. 직관은 기존의 이야기를 분석하고 새로운 이야기를 만들어내기에 아주 유용한 도구다. 어떤 때는 유일한 도구이기도 하다. 그러나 동시에 우리가 반드시 감안해야 할 큰 위험 요소를 내포한 위험한 도구이기도 하다.

직관이 증명하는 것

앞서 살펴본 것처럼 뇌는 무의식 속에서 어마어마한 양의 데이터를 처리하고 있다. 항상 작동 중인 우리의 무의식 세계는 파편적인 정보를 이으며 다음에 무슨 일이 생길지 알려주기 위해 애쓴다. 이렇듯 우리의 의식 세계가 끊임없이 일하는 무의식 세계를 뒤따르는 형상이다 보니 우리는 가끔 이유를 말로 설명할 수는 없지만 이미 알고 있는 것 같은 일들을 겪는다. 예를 들어 레이싱 도중에 관중 모두가 엉뚱한 방향을 바라보고 있다면 무언가 잘못됐다는 것을 알고 브레이크를 밟게 되는 것과 같은 이치다. 또는 어떤 사업적 리스크가 좋은 아이디어처럼 느껴질 때, 비록 증명할 수는 없지만 그것이 내게 '설명할 수는 없지만 나를 믿어봐!'라고 말하는 것처럼 여겨지기도 한다.

인간의 촉은 재능이나 초자연적인 능력이 아니다. 직관이란 설명하기 어려운 지식이다. 확실한 증거가 부재한 상황에서 어떤 이야기를 믿거나 믿지 않는 경향을 뜻한다. 당신의 뇌가 만들어내는 일종의 지식인데 그 과정은 분석적이지 않고 자동적이다. 이렇게 당신의 뇌는 온종일 예측한다. 이 예측들은 무의식 세계에서 만들어진 이 예측들은 개념과 이야기를 가득 싣고 있는 뇌 속 저장 창고에 차곡차곡 저장된다. 뇌는 당신이 매 순간 성공적으로 생각하고 움직이고 돌파해 나가는 데 필요한 것들을 보여준다.

직관은 당신이 의식하지 못하는 신경 연결고리에서 비롯된 예측이라고 할 수 있다. 무언가 안다는 것을 알고 있지만 왜 아는지 설명할 수 없다. 아는 이유에 별 관심도 없다. 만약 모든 움직임과 가정을 의식적으로 처리하기 시작하면, 그냥 길을 걷는 단순한 행위도 제대로 하지 못하고 얼어붙을 가능성이 크다. 인간에게는 의식적 수용 능력이 현저히 부족하다. 점심으로 무엇을 먹을지, 회의는 몇 시에 시작할지, 리셉션 행사에는 무슨 옷을 입고 갈지, 마지막에 상사가 보낸 이메일의 진짜 의미가 무엇인지, 금요일에 휴가를 내도 될지 등 우리가 필요한 내용에 대해서 생각하고 의식적으로 처리할 동안 나머지 일들은 무의식의 세계에서 처리하는 것이 인간에게 훨씬 유리하다. 의식적으로 얻은 지식도 무의식적으로 얻은 지식도 모두 유효하고 중요하다. 호지킨슨 교수는 인간에게는 분명 의식적 · 무의식적 사고 처리 과정이 필요하지만 그렇다고 둘 중 하나가 다른 과정에 비해 근본적으로 더 나은 것은 아니라고 주장했다.

흥미롭게도 몇몇 고도로 직관적인 사상가들은 신경과학 시대가 도래하기 훨씬 전부터 이런 결론을 내렸다. 현대 철학의 창시자 중 한 명으로 널리 알려진 수학자이자 과학자인 르네 데카르트는 인간이 지식을 획득할 때 두 가지 다른 이해 방식을 구사한다고 주장했는데 직관과 추론이 바로 그것이다. 이마누엘 칸트 역시 이 의견에 동의했다. 그는 이렇게 말했다.

"인간의 지식은 무의식적 직관과 의식적 개념으로 만들어진다. 직관이 없는 개념도, 개념이 없는 직관도 지식을 만들 수 없다."

이성과 직관은 인간이 살아가기 위해 반드시 필요한 요소이고 당신의 뇌는 이 둘을 모두 활용하고 있다.

직관은 '무엇이 가장 진실일 가능성이 큰가?' 혹은 '다음에 일어날 가능성이 가장 큰 일은 무엇인가?' 하는 질문에 대한 답을 제시한다. 직관의 역할은 민사 사건에서 요구되는 증거 입증과 비슷하다. 형사 사건에서 검사 측은 의심의 여지가 없는 증거를 제시해야 한다. 뇌도 이야기를 분석할 때 비슷한 과정을 거친다. 이야기를 뒷받침하거나 반박할 증거를 찾는 것이다. 항상 100퍼센트 확신할 수는 없지만 그래야 이야기가 진짜인지 가짜인지 혹은 도움이 되는지 아닌지 등을 합리적으로 판단할 수 있다. 사업을 시작하거나 결혼할 때 혹은 평생 모은 돈을 투자할 때 본인이 믿고 있는 이야기에 대한 확신이 필요하다. 내가 세운 사업 계획이 시장에서 먹힐 것인가? 이 사람과 평생의 인연을 이어갈 수 있을 것인가? 이 재정 자문가가 믿을 만한 사람인가? 등의 질문을 던져야 한다. 이 질문들에 '물론이지. 확실해!'라고 대답하고 싶을 것이다. 그렇게 대답할 수 없다면 의심이 사라질 때까지 분석하고 조사하게 될 것이다. 그래서 우리는 뇌의 분석적 기능을 활용하게 된다.

그런데 민사 사건에서는 증거의 입증 기준이 조금 다르다. 고소인은 자신에게 유리한 증거를 제시해 입증하기만 하면 된다. 즉 자신들이 틀렸을 가능성보다 맞을 가능성이 더 크다는 사실만 보여주면 되는 것이다. 이 사건이 누군가의 과실 때문에 벌어진 것인가? 그렇다고 확신할 수 있는가? 100퍼센트 확신할 수는 없을 것이다. 그러나 '아마도' 상대의 과실 때문인 것처럼 보인다면 원고가 승소한다. 확실한 증거가 부재하다면 직감에 의존해야 한다. 당신이 무언가를 아는데 어떻게 알았는지 그 이유를 확실히 파악할 수 없을 때 바로 직관이 나서게 된다.

일상에서 우리는 생각보다 직관에 더 자주 의존한다. 고속도로에 자갈이 있으면 마찰력이 줄어들까? 이 영업 사원이 나에게 진실을 말하고 있나? 점심때까지 이 프로젝트를 마칠 수 있나? 이런 질문에 대한 답변이 늘 확실하지는 않겠지만 당신은 언제나 뇌가 알고 있는 것을 토대로 예측할 것이다. 이것이 바로 직관이다.

뇌 전체를 활용하기 위해서 당신은 직관을 활용해야 한다. 그리고 이 직관을 더 잘 활용하려면 직관이 작동하는 원리를 이해해야 한다. 어떨 때 직관이 올바른 방향으로 이끌고 또 어떨 때 잘못된 길로 이끄는지 판단할 수 있어야 한다.

생각을 뛰어넘는 직관의 힘

직관은 이야기를 분석할 때 아주 중요하다. 문제나 질문에 최종 평가를 해주기 때문이다. 엄청난 양의 데이터와 서로 얽히고설켜 있는 작은 정보들, 계속 바뀌는 개념처럼 복잡한 상황을 예로 들어보자. 어떨 때는 뇌의 의식적 판단 기능이 (비록 추후 잘못된 것으로 판명되더라도) 어떻게든 개연성 있는 이야기를 만들어 방향을 잡아줄 것이다. 또 어떨 때는 갈피를 잡을 수 없는 데이터에 우리가 완전히 압도될 수도 있다. 그러나 당신의 무의식은 다르게 작동한다. 앞에서도 언급했지만 무의식은 이야기가 저장된 뇌 속 도서관을 끊임없이 찾아가 가능한 연결고리를 찾아보고 맞는 게 있는지 확인한다. 그래서 당신의 의식적 뇌가 결론이나 결론의 이유를 완전히 해명하기 전에 이미 결론을 도출할 수 있도록 유도한다.

이렇게 도출된 결과가 바로 직관이다. 아주 복잡한 이야기나 수많은 데이터 속에서 직관은 '아직은 움직일 때가 아니야!' 아니면 '이번 분기에 완전히 집중해야겠다!'라고 말해준다. 직관적으로 무엇인가를 알았을 때 사람들이 쓰는 관용적인 표현도 무척이나 다양하다. '무언가 꺼림칙한 게 느껴졌다(I've got a check in my spirit)', '내 직감이 알려주었다(My gut tells me)' 등은 모두 직관에 대한 표현이다. 이런 직관적 인지를 과학책 『익스텐드 마인드』의 저자인 애니 머피 폴(Annie Murphy Paul)은 '감각을 통한 사고'라고 칭한다.

직관을 통해 도출된 결론은 이성적 사고를 통해 내려진 결정에 비해 정밀도가 떨어질 수는 있지만 반드시 덜 정확한 것도 아니다. 직관은 보통 '네' 혹은 '아니오'로 대답이 갈리는 질문을 파악할 때 쓰이기 때문에 심도 있는 논리 전개 과정이 필요치 않다. 그래서 일견 분석적이라기보다는 자동적인 사고방식으로 보일 수 있는 것이다. 이렇게 이분법적인 피드백인 직관은 우리가 감당할 수 없거나 신뢰할 수 없는 정보를 맞닥뜨린 상황에서 아주 유용하게 쓰인다.

이런 상황을 상상해 보자. 노련한 영업사원이 신제품을 영업하거나 화가 잔뜩 난 엄마가 하소연할 때, 흥분한 이웃집 여자가 자신의 이야기를 쏟아낼 때, 그들은 어떤 데이터는 강조하고 또 어떤 데이터는 선택적으로 무시하면서 자신들의 이야기를 의심의 여지 없는 진실로 만들 수 있다. 그리고 당신은 그 이야기를 듣는 동안 의심이 피어오를 수 있다. 그 직관을 무시하지 말자. 우리의 직관은 누군가의 이야기나 주장에서 무언가 앞뒤가 맞지 않을 때 뇌에 경고 메시지를 보낸다. 정확한 이유를 설명할 수 없더라도 당신의 직관은 어떤 이야기가 도무지 들어맞지 않는다는 사실을 금세 간파한다.

신입 직원을 뽑는데, 철저한 신원 조회와 확인 절차를 통해 후보가 세 명으로 압축되었다고 상상해 보자. 셋 중 누구를 고용할 것인지가 고민되는 상황에서 망설이다가 시간만 흘러가고 있고 추가로 인터뷰를 한다고 해도 더 확실해지지는 않을 것 같다. 이럴 때 당신은 직관에 기대어 앞으로 나아가야 한다. 호지킨슨 박사는 이렇게 말했다.

"사람들은 보통 엄청난 시간적 압박을 받고 있거나 절체절명의 위험 상황 내지는 정보의 홍수 속에 있을 때, 상황에 대한 의식적 분석이 어렵거나 불가능해지면서 진정한 의미의 직관을 경험하게 된다."

당신의 직감은 압박감 넘치는 상황에서 가장 의지할 만한 요소가 될 수 있다. 우리가 의지하는 이야기는 잃을 게 많다. 즉 위험부담이 크다. 그렇다고 해서 확실성이 보장되는 것도 아니다. 데이터가 너무 많다 보면 확신보다는 혼란을 야기할 때가 많다. 또 어떤 경우에는 정보가 턱없이 부족하다. 그렇지만 무슨 상황이든 간에 결국 선택은 당신의 몫이다.

메건이 회사의 CEO 자리를 맡기 위해 준비 중일 때 《하버드 비즈니스 리뷰》라는 잡지에서 효과적인 리더와 그렇지 못한 리더의 차이점을 다룬 기사를 읽은 적이 있다. 이 기사에는 그녀의 관심을 사로잡은 통계가 하나 있었다. 연구진이 인터뷰한 CEO 중 한 명이 90퍼센트도 아니고 80퍼센트도 아니고 심지어 70퍼센트도 아닌, 65퍼센트의 확신이 들 때 의사결정을 편안히 할 수 있다고 말한 것이다. 그 CEO는 65퍼센트 확신이 든 생각으로 전문가들에게 자문을 구한 다음 수행에 옮긴다고 했다. 그는 그 과정에서 자신에게 두 가지 질문을 한다고 말했다. 첫째로 내 판단이 잘못되면 어떤 일이 벌어질 수 있는가, 둘째로 이 결정대로 움직이지 않는다면 다른 일들이 얼마나 지연될 것인가를 생각해 본다고 했다.

이런 균형은 아주 중요하다. 우리는 언제나 실수를 하게 마련이니, 중요한 것은 이런 실패와 실수를 최대한 많이 할 필요가 있다는 것이다. 정보가 충분하지 않아 결정을 미루는 행위는 안전해 보일 수 있지만, 잘못된 방향으로 나아가는 것 못지않은 대가가 따른다. 대부분의 의사결정이 번복되거나 수정될 수 있다는 점을 알고 결정을 내리는 것이 최선이다. 망쳤다 하더라도 웬만하면 다시 고칠 수 있다. 뒤에서도 다루겠지만 실수가 유용한 경우도 많다. 잘못 내디딘 발걸음이 때로 다음 도전을 성공시키는 데 도움을 주기도 한다.

마이클이 박람회 관련 결정을 내렸을 때 그 역시 모든 정보를 가지고 있지 않았다. 다만 그에게는 본능적인 촉이 있었다. 그래서 업계에서 으레 하는 행사에서 빠지고 우리 회사만의 고유한 행사를 열기로 결정할 수 있었던 것이다. 비용을 훨씬 적게 들이면서도 업계 최고의 작가들과 최고의 고객사들을 그들이 만든 공간에 초대할 수 있었다. 이렇게 진행된 행사는 엄청난 성공을 거뒀고 기존 행사와 비교해 100배 이상의 효과를 냈다. 물론 잊지 말아야 할 점은 이 행사 역시 실패할 수 있었다는 것이다. 직관이 때로는 우리를 잘못된 방향으로 이끌 수 있다는 점도 우리는 분명하게 알고 있어야 한다.

직관의 한계

그렇다. 직관은 일종의 지식이다. 직관은 우리가 사용할 수 있는 유일한 지식이기도 한 만큼 대부분 신뢰할 만하다. 이 책을 읽고 있다면 벌써 삶에서 어느 정도 성공한 사람들 아닌가. 그렇다면 당신의 직관은 쓸모 있을 가능성이 크다. 그렇다고 직관이 언제나 성공을 보장하는 것은 아니다. 직관에도 한계가 있다. 우리는 이야기를 분석할 때 이런 직관의 한계를 반드시 인지하고 있어야 한다.

일단 직관은 당신의 가정, 기존 이야기의 보고인 뇌 속 도서관을 토대로 한다. 그리고 앞에서 설명한 것처럼 당신의 이야기는 당신의 경험을 토대로 한다. 그래서 직관은 항상 당신의 경험에 발목 잡히는데, 이 경험은 알다시피 완벽한 현실 모습을 제시할 수 없다. 우리가 삶의 모든 상황에 부딪혀 볼 수 있는 것은 아니기 때문이다. 거의 혹은 전혀 경험해 보지 못한 분야에서 당신의 직관은 힘이 없다. 이 책의 저자인 마이클과 메건 부녀는 비즈니스 업계에서 경력이 많다. 재정이나 마케팅, 인력 채용 등의 분야에서는 꽤 괜찮은 직관을 갖고 있다고 확신할 수 있다. 그러나 희귀병을 진단하는 데에는 이들의 직관이 그다지 도움이 되지 않을 것이다.

직관적인 반응은 우리가 항상 찾게 되는 이야기가 발현된 형태라고 보면 된다. 하도 많이 지나다녀서 만들어진 숲길처럼 우리가 아주 자주 선택하는 신경 연결 통로가 바로 직관이다. 우리는 별다른 생각 없이 이 길을 지난다. 우리는 스스로의 선택이나 결정이 당연하고 합리적인 것처럼 느끼겠지만 사실은 효과가 있을지 없을지 모르는 기존의 이야기를 선택한 것일 뿐이다. 직관은 우리의 경험과 기존의 이야기를 반영하기 때문에 결코 객관적일 수 없다. 더욱이 직관이 기존 경험 때문에 긍정적이거나 부정적인 방향으로 왜곡되어 있다면 직관이라기보다는 편견에 가깝다.

이런 경향을 대표하는 예가 바로 인종과 문화다. 뇌는 우리와 비슷한 것들에 친밀감을 느끼고 우리와 다른 것들을 의심하도록 설계되어 있다. 그래서 한 사람의 인종, 국적, 정치적 견해에 대한 편견을 우리는 직관이라고 착각할 수도 있다. 그러나 실제로는 당신의 지극히 개인적인 편견일 가능성이 크다. 어떤 키워드가 직관이라기보다는 자동 반사에 가까운 반응을 불러일으킬 수도 있다. 광고회사와 선동가들은 이 원리를 오랫동안 활용해왔다. 특정한 경제적 이론 혹은 정치적 이론이 해롭다고 '느끼는' 당신의 감정은 파블로프의 개 실험에서와 마찬가지로 특정한 용어에 대한 조건반사일 가능성이 크다.

우리의 목표도 비슷한 역할을 한다. 우리가 다다르고자 하는 것에 매몰되어 방해되는 증거를 무시하게 되는 것이다.

직관에 의존할 때 우리가 진실이기를 강력히 바라는 것과 실제로 진실일 가능성이 큰 것 간의 차이를 반드시 구분할 수 있어야 한다. 이 과정을 위해서 우리는 숨겨져 있는 나의 편견과 욕구를 드러내는 연습을 꾸준히 이어가야 한다. 당신의 직관을 다른 사람들에게 말하고 조언을 구하는 것도 좋은 방법이 될 수 있다. 특히나 당신과 다른 시각을 가진 사람일수록 그의 조언은 도움이 될 것이다. 뇌의 이야기에 타인이 어떤 영향을 미치는지에 관해서는 뒤에서 조금 더 자세히 알아보자.

직관을 이용하는 법

직관과 이성은 지식을 구하는 두 가지 다른 방법이다. 두 방법 모두 우리를 정답으로 이끌 수 있다. 가장 이상적인 상황은 이 둘이 조화로울 때다. 우리는 명백해 보이는 증거에도 불구하고 본인의 촉을 믿고 수사를 진행해 결국 진짜 범인을 심판대에 올리는 탐정 수사물을 좋아한다. 사람들의 손가락질을 무시하고 엄청난 회사를 일구는 데 성공한 CEO의 이야기도 좋아한다. 모두 직관이 맞고 사실에 대한 일반적인 해석이 틀린 경우들이다. 그러나 솔직히 이런 경우가 흔한 것은 아니다.

메건은 아주 호된 경험을 통해 이 점을 몸소 체험했다. 그녀는 회사의 요직에 딱 맞는 사람이라고 직감적으로 느껴지는 사람을 찾았다. 신제품을 론칭하는 데 핵심적인 역할을 해야 했기 때문에 정말 잘 맞는 사람을 찾는 것이 중요했다. 회사에서는 한 명의 후보로 의견을 좁혔고 메건도 이 사람이 적격이라고 확신했다. 마지막으로 확인해야 하는 것은 그들이 인력을 채용할 때 사용하는 시스템이었다. 이 시스템은 사람의 업무 스타일이 주어진 자리에 얼마나 잘 맞는지를 평가한다. 40년 넘게 활용된 이 방법은 신뢰도가 매우 높았다. 아쉽게도 회사에서 가장 염두에 두고 있던 그 후보의 검사 점수는 낮았다. 자문가는 그를 채용하지 말 것을 권고했다. 그러나 그녀의 직감으로는 그를 채용하는 것이 옳았다. 너무나 확실해서 그 이유를 설명할 필요도 없다고 느꼈다.

그러나 역시나였다. 몇 달 뒤 메건이 선택한 후보는

자신의 업무 역량이 부족하다고 판단했고 다른 회사의 이직 제의를 받아 홀연히 떠났다. 메건은 공석을 메우려는 자신의 절박함을 직관으로 착각했던 것이다. 배운 점은 있지만 뼈아픈 경험이었다. 정보가 제한된 상태에서 임원진이 다른 전문가들의 이야기를 듣지 않고 직원을 뽑는 것이 어리석다고 하는 이유다. 무의식 사고를 수십 년간 연구한 사회심리학자 존 바그(John Bargh)의 말을 빌려 정리해 보겠다.

'직관에만 의존하지는 말자. 의식적 성찰의 시간을 짧게라도 갖자. 잠시 멈춰서 깊게 파보는 것이다. 더불어 중요한 문제일수록 더더욱 직관을 확인하고 검증해야 한다는 사실을 명심하자.'

바그는 소탐대실의 실수를 피하라고 조언한다. 마지막으로 직접 경험해 보지 않은 사람에게는 직관에 의존하지 말라고 전한다. 직관이 데이터를 절대로 추월하지 못할 거라는 뜻은 아니다. 하지만 그런 경우는 드물다. 그리고 직관이 절대로 무효화할 수 없는 데이터는 바로 당신의 이야기가 낳은 결과다. '증거는 푸딩 안에 있다(먹어봐야 알 수 있다)'라는 말이 있듯이 결국 직접 경험해 보는 것이 가장 확실한 방법이다. 행동하기 전에는 그 누구도 결과를 알 수 없다. 끝나고 난 후에야 알게 된다. 메건이 자신의 이야기가 틀렸음을 시사하는 강력한 증거가 있었음에도 해당 후보를 채용하겠다고 고집을 피운 것은 매우 위험한 일이었다.

직관은 육감이 아니다. 의미 있는 연결고리를 찾기 위해 애쓰는 뇌의 한 기능이다. 직관은 시간이나 데이터가 부족할 때 당신이 의사결정을 할 수 있게끔 도와준다. 뇌를 어떻게 믿어야 하는지 그 방법을 배운다면 자신에 대한 자신감도 커질 것이다. 직관을 적극적으로 활용해야 할 시점인지 아닌지를 잘 판단할 수 있도록 경계를 늦추지 말아야 한다.

안 된다는 생각을 멈출 것

편견일지도 모르지만 우리가 위험을 무릅쓰는 모험가를 상상할 때 엔지니어를 떠올리진 않는다. 엔지니어들은 사실과 방정식, 그리고 허용 오차 범위가 매우 좁은 세계에서 일하기 때문이다. 엔지니어가 모험가처럼 일한다면 모든 것이 작동을 멈추거나 불이 붙거나 무너지고 떠내려가고 폭발하는 등 난리가 날 것이다.

1986년 쌍둥이인 조지 쿠리안(George Kurian)과 토머스 쿠리안(Thomas Kurian) 형제는 엔지니어가 되겠다는 꿈을 안고 인도를 떠났다. 형제의 아버지는 케랄라에서 근무하던 화학 엔지니어였다. 그들은 고향을 떠나 먼

곳에서 아버지의 뒤를 따르기로 했다. 그들은 인도에서 6개월 정도 연수를 받다가 프린스턴대학교에 가게 되어 뉴저지로 향했다. 비용 충당을 위해 아르바이트를 해야 했지만 두 형제 모두 전기공학 학위를 땄고 스탠퍼드 경영대학원 과정까지 마칠 수 있었다. 그 후 오라클 등 몇몇 회사를 거쳐 현재 토머스는 구글 클라우드, 조지는 데이터 저장 관리 대기업인 넷앱의 CEO를 각각 맡고 있다.

조지는 2015년 넷앱의 수장 자리를 맡게 되었는데 당시 회사 상태는 엉망이었다. 이사회가 이전 CEO에게 사임을 요구한 상태였고 영업이익이 투자자에게 약속한 것의 절반도 안 되는 수준이었다. 1년 후 조지는 사업 정상화를 위해 거의 1500명에 달하는 직원을 정리해고 해야 했지만, 그의 진두지휘 아래 넷앱은 반등할 수 있었다. 매출이 폭발적으로 증가했고 이익도 네 배가 되었다. 몇 년이 흐른 지금 넷앱은 튼튼한 회사로 성장을 이어가고 있다.

조지는 회사의 끈질긴 집중과 실행이 성공의 열쇠였다고 말한다. 한 인터뷰에서 그는 매주 회의를 통해 우선순위를 검토하고 진행 정도를 공유했으며, 문제가 감지

된 즉시 고치기를 반복했다고 밝혔다. 조지는 충분한 정보가 모였을 때 속도감 있게 의사결정 내리는 것을 좋아했는데 이 업계에서는 바로 이 속도감이 절대적이라고 말했다. 이쯤 되면 무슨 이야기를 하려는지 당신도 감이 올 것이다. 저 정도의 속도는 불안감을 불러일으킬 수 있다. 무엇이 맞는지, 효과가 있을지, 할 여유가 될지, 기한 내에 해낼 수 있을지 어떻게 안단 말인가? 엔지니어 출신으로 모든 공식을 두 번, 세 번 거듭해 확인하던 그는 어떻게 제한된 정보와 시간 속에서도 편안한 의사결정을 내릴 수 있게 되었을까? 조지는 이 의문에 대해 이렇게 답했다.

"엔지니어는 이분법적인 해답을 자주 마주해요. 그러나 경영자는 그럴 일이 훨씬 드뭅니다."

형 토머스와 인도로 돌아가 한 회사의 경영진이 된 아버지를 보고 조지는 이런 신속한 의사결정이 가능하다는 것을 깨달았다. 그 둘은 경영자로서 관리해야 하는 일의 범주가 엔지니어가 관리해야 하는 일의 범주보다 넓다는 점을 알려주었고 100퍼센트의 확실성을 기다리다 보면 거의 무조건 뒤처지게 된다고 말해주었다.

조지가 넷앱을 진두지휘하게 되었을 때 의구심에 차

서 그에게 회의적인 이들은 많았다. 만약 조지가 그들의 이야기를 수용했더라면 실패했을 것이다. 그러나 그는 회사의 손익 구조를 살펴보았고 훨씬 더 많은 정보를 파악할 수 있었다. 거기서 나온 답은 정리해고였다. 이후에도 회사가 전략적 방향을 바꾸거나 회사 운영이 계획대로 흘러가지 않을 때 점점 더 많은 정보가 드러났다.

스스로는 아마 인지하지 못했겠지만, 조지는 고향을 떠나 프린스턴대학으로 떠나는 도박을 감행한 것과 또 그런 자신을 응원하는 가족들의 모습을 통해 자신만의 이야기를 터득할 수 있었다. 이 이야기는 바로 모든 해답을 알아야만 효과적인 것은 아니며, 모든 것이 확실해야만 성공할 수 있는 것도 아니라는 의미를 담고 있다.

당신만 이야기를 깊게 분석하는 것이 두렵게 느껴지고 오래도록 믿어온 그 이야기에 의문을 제기하고 수정하는 것이 위협적으로 느껴지는 것이 아니다. 나, 타인 그리고 세계에 대한 나의 소중한 믿음이 틀릴 수도 있다는 사실은 누구나 감당하기 벅차다. 특히 이야기를 바꿔야 한다면, 이제 무엇을 해야 할지 모르겠다면 더더욱 그럴 것이다. 의문을 제기하는 순간 모든 것이 엉망진창이 되는 느낌일 것이다. 뇌는 이런 불확실성을 좋아하지 않는다. 뇌 속 내레이터는 모르겠다는 말을 정말 하기 싫어한다. 그러나 우리가 내레이터와 맞서기 위해서는 조지가 그랬듯이 반드시 변화를 받아들여야 한다. 당신은 불확실성이 주는 불편함을 감당할 수 있어야 한다.

우리는 나의 생각을 비판하고 새로운 아이디어를 수용할 때 걸림돌이 되는 몇 가지 공통적인 요소를 발견했다. 내레이터가 제공하는 쉬운 이야기에 의존할 수 없게 되면 우리는 새로운 해결책을 찾지 못한 채 갇힌 느낌을 받게 된다. 그래서 그 이야기가 중요하거나 소중할수록 이야기를 폐기하기는커녕 문제를 제기하기도 어려워진다. 우리는 무언가 맞다고 믿으면 그것을 고수하는 경향이 있다. 단순히 우리가 겸손하지 않아서가 아니다. 물론 그것도 영향이 있을 수도 있다. 하지만 내레이터에게 의문을 제기하는 이 과정이 엄청난 불안감을 유발한다는 신경과학적이고 심리적인 근거가 존재한다. 그중 몇 가지는 이미 언급되었을 것이다. 우선 우리 이야기는 진실처럼 '느껴진다'. 그 이야기에 대한 믿음을 버린다는 생각 자체가 매우 버겁게 느껴질 수 있다. 다른 이유들은 뇌의 작동 방식과 연관이 있다.

당신의 뇌는 마치 상어처럼 끊임없이 자신의 영역을 배회하며 순찰한다. 상어가 먹잇감을 찾기 위해 돌아다닌다면 뇌는 의미를 찾기 위해 돌아다닌다. 다음에 일어날 일에 대한 답을 찾기 위해서 그리고 당신의 주변 환경을 이해하기 위해서 애쓴다. 다음에 일어날 일에 대한 확신이 들수록 당신의 뇌는 기분이 좋아진다. 따라서 다시 생각해 본다든지 하는 불안정한 활동은 되도록 피하려고 한다.

물론 위험성 자체가 나쁜 것은 아니다. 그저 피할 수 없는 것일 뿐이다. 삶이 예측 불허인 것처럼 말이다. 위험성을 철저히 분석하고 계산한다고 하더라도 더 나았을지 모를 다른 선택지는 존재하기 마련이다. 우리는 더 나은 미래를 찾아 이직하기도 하고, 더 큰 이익을 얻기 위해 다른 사업에 투자하기도 한다. 사랑을 경험하기 위해 누군가와 관계를 맺기도 한다. 이런 행위들은 불확실성을 내포하지만 동시에 더 큰 가능성을 내포하기도 한다. 위험의 반대편에 이익과 혜택이 우리를 기다리고 있기에 위험을 무릅쓰게 되는 것이다.

새롭고 창의적인 해결책을 찾기 위해 지금의 생각을

분석하면 반드시 불확실성과 마주하게 된다. 불편하고 불안한 느낌이 들겠지만 그 이유를 논의해 볼 필요가 있다. 불안을 만들어내는 요소를 알게 되면 내레이터에게 문제를 제기하는 과정이 훨씬 수월해지기 때문이다.

공포를 말로 표현할 것

우리는 이 책을 통해 당신이 더 잘 생각할 수 있도록 돕고 싶고, 그로 인해 당신이 더 나은 결과를 맛볼 수 있기를 바란다. 그래서 우리는 생존과 연관된 인간 두뇌의 기본적인 작동 원리를 활용하고자 한다. 생각을 바꿔 결과를 좋게 만든다는 것은 말이 쉽지 실제 우리의 무의식이 그렇게 움직이기란 쉽지 않다. 뇌에게 이야기란 안위를 책임지는 것과 다름없기 때문이다.

얼음 = 미끄러움. 밟지 말 것!

낯선 사람 = 위험. 차를 얻어 타지 말 것!

당과 지방 = 좋음. 최대한 먹어둘 것!

마지막 공식은 요즘처럼 풍요로운 시대에는 통용되지 않지만, 특정한 음식과 쾌락을 연결 짓는 것은 아주 기본적인 인간의 이야기 중 하나다. 식량을 구하기 힘들었던 당시 인간들은 생존을 위해 먹어야만 했다. 다음 음식을 언제 먹을 수 있을지 알 수 없었기 때문에 반드시 몸속에 지방을 저장해야 했다. 그래서 뇌는 당과 지방을 함유한 음식과 인간의 쾌락을 연결해 설계했던 것이다. 그러나 오늘날 현대인에게는 홍수처럼 쏟아지는 음식이 문제가 되고 있다. 지나치게 많은 당과 지방을 먹고 있는 것이다. 그런데도 우리는 당과 지방이 풍부한 음식이 맛있다는 연결고리를 끊어내지 못하고 있다. 이야기가 유효하지 않은데도 많은 이들이 이 이야기를 고수하고 있는 셈이다. 생존 본능 중 하나로 너무나 강력하고 뿌리 깊게 뇌에 박혀서일 것이다.

우리가 당신에게 이야기, 특히 오랫동안 믿어온 이야기에 의문을 제기할 것을 촉구하고 있는 이 순간에도 당신의 무의식은 '안 돼! 위험해!'를 외치고 있을 것이 뻔하다. 그래서 이를테면 인간관계 · 가족 · 정치 · 돈 · 성공 등에 관해 이미 만들어진 이야기는 더 이상 도움이 되지 않는다는 것을 깨달은 후에도 폐기하기가 쉽지 않다. 우리 머릿속에는 생각을 바꾸는 것에 대한 근원적인 거부감이 내재되어 있다. 그리고 이것은 당신을 안전하게 지키려는 뇌의 노력일 뿐이다.

메건이 대중 연설을 꺼렸던 이유도 바로 이 때문이었다. 친구가 무너지는 모습을 봤고, 그와 똑같은 순간을 상상했을 때 그녀 역시 아드레날린이 치솟는 것을 느꼈다. 대중 연설을 했다가는 죽을 것처럼 느껴졌다. 적어도 내레이터는 그녀에게 그렇게 말했다. 그래서 이야기에 의문을 제기하는 것은 우리가 세상을 이해하는 방식을 무너뜨릴 수 있을 정도로 위협적이다. 우리가 세상을 이해하고 있는 바로 그 기본적인 방식에 의문을 제기함으로써 결국 우리가 아는 모든 것을 의심해야 하기 때문이다. 하나의 이야기를 의심하기 시작하면 꼬리에 꼬리를 물고 연결된 이야기들을 계속해서 의심하게 된다. 도대체 어디서 그 고리가 끝날까? 정말 무시무시한 일이 아닐 수 없다. 현실에 대한 우리의 시각을 뒤바꿀 새로운 인식을 마주하는 순간 우리는 심리학자들이 소위 '실존적 불안'이라 칭하는 경험을 하게 된다. 이 불안은 당신의 삶 전체가 송두리째 흔들리는, 불편한 느낌이다.

1849년 덴마크 철학자인 쇠렌 키르케고르(Søren Kierkegaard)는 서구 문명 이야기의 집합체인 지금의 지배적 세계관이 너무나 빨리 변화하는 세상을 이해하고 적응하는 데 불충분하다는 것이 판명되면 이 실존적 불안이 대규모로 발생할 것이라 예측했다. 그의 예상은 적중했다. 다음 세기 동안 산업화로 거대한 사회 변화가 일어나자 이 속도에 따라 정신의학도 급속도로 성장하여 사람들이 변화에 적응할 수 있도록 도왔다. 오늘날에도 42퍼센트의 성인이 심리 상담이나 정신과 치료를 받았거나 받고 있다. 가장 잘 발현되는 심리적 문제는 우울증상으로, 보통 사랑하는 무언가를 상실하거나 병에 걸리는 등 삶의 의미에 대해 깊은 질문을 던지게 하는 비중 있는 사건이 발생할 때 겪게 된다. 그렇기에 당신의 이야기를 재고하는 것이 불안하게 느껴진다면 그것이 당신만의 문제가 아니라는 것을 말해주고 싶다. 실존적 위기에 대응하는 인간 심리의 작동 방법이 원래 그런 것이다. 그래도 다행인 점은 이의를 제기한다는 사실 자체가 당신이 적어도 새로운 아이디어를 탐색할 의지가 있음을 보여준다는 것이다. 그리고 당신이 느끼는 그 불안은 이야기에 대해 의문을 제기함으로써 파생될 수 있는 여파를 알고 있다는 방증이다. 삶의 무언가를 바꿔야 할 수도 있지만, 깊은 성찰은 배움과 성장에 필수적이다.

이 시점에서 불안을 잠재우기 위해서는 먼저 우리의 공포를 말로 표현해야 한다. 결국 이 이야기도 내레이터가 전하는 여러 이야기 중 하나인 셈이다. 스스로에게 다음에 일어날 수 있는 가장 최악의 시나리오가 무엇인지를 자문해 보자. 아마도 최악은 현상을 유지하는 정도일 것이다. 반대로 최고의 시나리오는 상황을 좀 더 명확하게 이해하여 새롭고 더 효과적인 대처 방식을 알게 되는 것이다. 현실에 대한 자신의 이해를 자세히 들여다보는 것은 긍정적 변화로 향할 수 있는 기회다. 물론 자신의 이야기가 역시나 맞았고 이 이야기를 계속 유지할 가치가 있다는 결론이 날 수도 있다. 그러나 문제를 제기하는 행위 자체는 문제를 해결하고 목표를 성취하려는 우리의 능력치를 분명히 높여줄 것이다.

정말 모든 것이 잘못되었다고?

흔하게 제기되는 의문 중 하나는 이야기에

의심을 품는 것이 결국 현실을 부정하거나 세상에 그 무엇도 완벽하게 진실인 것은 없다는 의미인가 하는 것이다. 마치 우리 모두가 각자의 고유한 현실을 창조해야 하며, 하나의 현실이 잘 맞지 않으면 다른 현실을 또 만들어내야 한다는 식이다. 그러나 이건 우리가 말하고자 하는 것이 아니다. 예를 들어 무언가를 정의하는 과정에서는 이견이 있을 수 있다. 바위에 대한 정의가 서로 다르듯이 말이다. 그러나 바위에 발이 걸리면 서로 다른 사람이라도 똑같이 넘어지게 된다. 이렇듯 우리가 공통으로 마주하는 현실이란 분명 실재한다.

말하고 싶은 것은, 우리가 처리해야 하는 것들을 알고 합리적인 판단을 내리는 능력이 생각만큼 견고하지 않다는 것이다. 우리 이야기는 (제한적인) 경험이나 타인의 (역시나 비슷하게 제한적인) 경험에서 얻은 것을 토대로 하여 만들어진다는 것을 기억하자. 이야기 중 몇몇은 검증을 통해 진실로 판명되지만 다수는 그렇지 못하다. 그러나 어느 쪽이든 이 이야기들을 어떻게 이해하고 그에 상응하는 행동을 취할 것인가 하는 점은 해석에 따라, 그 순간 혹은 상황의 필요에 따라 달라진다. 앞에서 살펴봤듯이 이미 검증된 원칙조차 원래의 맥락을 벗어나면 적용되지 않을 수 있다.

계몽주의 이후 경험론과 합리론이라는 쌍둥이 같은 철학 기조가 인간 제도 대부분의 지적 기반으로 자리매김했다. 이 두 가지 철학 사상은 (1) 인간이 감각을 통해 세상을 배울 수 있고, (2) 그렇게 얻은 지식을 합리적 사고를 통해 검증할 수 있다고 주장한다. 이후 산업혁명이 일어났고 과학과 기술이 인간의 이해력을 얼마나 진보시킬 것인지에 대한 활발한 연구와 낙관론이 대두되었다. 결국 세상이 무엇이고 어떻게 작동하는지 그 모든 것을 과학적 질의와 논리를 활용해 알 수 있거나 알게 될 거라고 많은 이들이 믿게 되었다. 지나친 단순화이긴 하지만 중요한 점은 인간이 사실에 대해 점점 더 쉽게 그리고 강하게 확신한다는 점이다. 과연 이 자신감은 합당한 것일까?

서구 사회에서 지식으로서 과학의 가치가 우뚝 서게 된 결정적 사건은 무엇이었을까? 바로 우주 중심에 무엇이 위치하느냐에 대한 논란이었다. 니콜라우스 코페르니쿠스는 르네상스 시대의 수학자이자 천문학자이고 가톨릭 사제였다. 거의 모든 이들이 태양이 지구 주변을 돈다고 믿었던 그 시대에 코페르니쿠스는 지구가 아닌 태양이 우주의 중심이라고 주장했다. 1543년 그가 저서 『천구의 회전에 관하여(On the Revolutions of the Celestial Spheres)』를 통해 선보인 이 주장은 코페르니쿠스 혁명을 낳았고 기존의 천동설 세계관을 무너뜨리는 계기가 되었다. 오늘날은 극소수의 사람만이 지구가 우주의 중심이라는 주장에 동의한다. 정말 엄청난 일을 이뤄낸 과학이 아닐 수 없다. 그러나 잠시 생각해 보자. 태양이 우주의 중심이라고 주장한 코페르니쿠스의 의견에 동의하는 이는 오늘날 없다. 코페르니쿠스의 지동설 역시 1610년에 뒤집혔기 때문이다. 갈릴레오가 망원경을 통해 지구와 태양 모두 우주의 별을 담고 있는 은하계의 일부임을 밝혀냈다. 그리고 그 이후에도 우리 인간은 새로운 이야기를 계속 써 내려가고 있다. 1924년 에드윈 허블(Edwin Hubble)은 훨씬 더 강력한 망원경을 이용해 우리 은하계에 담기기에는 거리가 너무 먼 별들이 수도 없이 많다는 것을 알아냈고 결국 우리 말고도 다른 여러 은하계가 존재함을 증명해 냈다. 10년 전 천문학자들이 약 2000억 개의 은하계가 전 우주에 존재한다고 추정치를 발표하기도 했다. 더 최근 기록에 따르면 이 숫자 역시 열 배 가까이 증가한 것으로 보인다.

코페르니쿠스와 갈릴레오와 허블 모두 당대 우주에 대해 완벽한 설명을 제시하였기 때문에 추앙의 대상이 되었다. 그러나 그들의 이야기는 획득 과정과는 상관없이 늘 간과되는 한 가지 진실을 보여주고 있다. 바로 지식은 언제나 제한적이며 잠정적이란 점이다. 단순히 말해 인간은 모든 것을 알 수 없다는 뜻이다. 의도가 좋았다고 해도 세상에 대한 우리의 이야기는 자주 잘못되거나 적어도 불완전한 상태다. 그렇다고 해서 과학적 질의를 신뢰할 수 없고 논리적 결론을 무조건 무시해야 한다는 것은 아니다. 다만 세상에서 일어나고 있는 일은 정확히 알기가 그만큼 어렵고 힘들다는 것이다. 분명 부분적으로 정확하고 유용할 수 있겠지만 지식이 완벽한 경우는 드물다.

코페르니쿠스나 갈릴레오도 이런 상황인데 회사 재무제표를 읽어야 하거나 고객 피드백을 살펴야 하거나 혹은 가족이나 친구의 이야기를 들어줘야 하는 우리의 경우는 어떠할까? 당연히 필요한 모든 데이터를 다 가질 수는 없을 것이다. 물론 어떤 이야기들은 확고한 진실이기에 다시 쓰여서는 안 된다. 예를 들어 선악에 대한 개념, 생존 본능 같은 것들은 우리에게 이미 내재되어 있다. 물론 그 이야기마저 문화권마다 조금씩 차이가 있다. 어떤 사람들은 마음속에 완전히 다른 이야기를 품고 있을 수도 있다. 아무리 도덕성이 뛰어나다고 해도 가끔은 개인적 욕구나 편견 때문에 정의로움에 관한 생각이 왜곡되기도 하니까. 그렇지만 예를 들어 다른 사람을 죽이는 것, 다른 사람의 물건을 빼앗는 것, 나쁜 의도로 거짓말을 하는 것에 대한 우리의 이야기는 전반적인 당위성을 지니고 오랜 기간 여러 문화권에 걸쳐 그 의미가 공통으로 적용되어 왔다. 그런 만큼 우리는 거의 모든 사회에 존재하는 기본적인 도덕적 · 윤리적 토대를 재고해야 한다고 주장하는 것이 아니다. 분명 동서고금을 막론하고 적용되는 절대적 진실의 이야기가 존재한다.

그러나 이런 절대적 이야기는 생각보다 많지 않다. 대부분의 문화권이 이를 인지하고 있고 세계 유수 종교들 역시 마찬가지다. 유대교와 기독교는 계명이 열 개이지만 사도신경에는 열두 개의 계명이 존재한다. 불교에는 여덟 개의 계율이 있고 이슬람교에는 다섯 가지 의무가 있다. 이처럼 소수의 절대 원칙에 대해서도 종교들 사이에 의견이 분분하다. 여기서 다시 한번 우리가 확실히 안다고 생각하는 것에 대해 일말의 겸손함을 발휘할 필요가 있다. 우리가 확신할 수 없는 많은 것들을 확신할 수 있는 소수의 것과 혼동해 생각하게 되면 막다른 골목을 맞닥뜨리게 된다.

그럼 이 시점에서 절대적 진리라 의문을 제기할 수 없는 생각이나 믿음을 정리해서 열거해 보자. 어떤 상황에서든 이 문제가 확실히 도덕적·윤리적 의무와 연결된 것이라 아무 편견 없이 확신할 수 있는가를 스스로 자문해 봐야 한다. 그런 절대적 사안이 아니라면 문제에 대한 당신의 견해를 분석할 수 있어야 한다. 즉 얼마든지 더 나은 이야기를 상상할 수 있어야 한다는 뜻이다.

연결망의 한 가닥을 잡아당기면

우리 이야기의 대부분은 서로 긴밀히 연결되어 있다. 뇌가 개념 간 연결을 통해 이야기를 구축하는 것과 마찬가지로 우리는 그 연결고리를 정교화해 결론을 도출하고 그 결론을 다른 이야기들에 활용한다. 이야기는 마치 쌓아 올린 벽의 벽돌 혹은 그물 안에 엮인 가닥들처럼 상호 연결되어 있다. 특히 가장 근간이 되는 (일반적으로 복잡한) 형태의 이야기들은 더욱 그렇다. 그래서 우리는 아래쪽 벽돌을 움직이면 구조 전체가 흔들릴 수 있음을 깨닫게 된다. 이런 잠재된 공포가 어떤 이야기를 면밀히 살피려는 우리를 방해할 수 있다. 반드시 진실이어야 한다고 믿고 싶기에 진실처럼 보이는 것이다. 진실이 아니라면 사고의 전체 틀을 바꿔야 하기 때문이다.

정치적 생각 · 종교적 믿음 · 가족제도 · 교육철학 · 경영관 · 경제관 등 진실로 믿고 싶은 범주는 무궁무진하다. 마이클과 메건 부녀는 경영진 회의에서 이런 모습을 종종 목격한다. 문제를 해결하기 위해 만난 것이 결국 실타래의 끝을 잡아당기기 시작한 셈이 된다. 우리의 가정과 목표, 선호하는 전략은 서로 연결된 개념과 연결고리의 거대한 망이라 일단 과정이 시작되면 그 끝은 알 수가 없다.

하나의 이야기를 풀어내기 시작하면 어쩔 수 없이 그 이야기가 다른 데 영향을 미치게 된다. 경험한 바에 따르면 이 과정은 종종 절망적이기도 하지만 대개 보람된 작업이다. 목표를 추구하는 과정에서 겪게 되는 마찰은 우리가 놓쳤거나 다른 이야기로 적당히 덮어둔 뿌리 깊은 난제를 볼 수 있게 해준다. 문제가 없는 척하기보다는 문제가 있음을 인지하고 거기에 수반되는 불확실성을 수용하는 편이 낫다. (착각이든 아니든) 당신의 눈앞에서 상황이 걷잡을 수 없이 흘러갈 때 당신은 어떻게 대응하겠는가? 우리는 보통 모든 작동을 멈춘다. 위협적으로 느껴지는 대화나 사고의 흐름을 즉각 차단해 버린다. 그러나 이것은 큰 잘못이다. 문제를 다른 시각으로 바라보거나 더 나은 해결책을 찾을 수 없게끔 우리를 갑자기 멈춰 세우는 것과 다름없기 때문이다.

소설가 G. K. 체스터턴(Chesterton)은 생각을 멈추게 하는 생각이 있는데 바로 그 생각이야말로 반드시 멈춰야 하는 유일한 생각이라고 말했다. 분석을 계속하다 보면 우리는 필연적으로 해결책으로 다가가게 된다. 그 과정에서 새로운 문제가 계속 생겨난다 해도 어쩔 수 없다. 진보란 원래 불안정한 것이니까. 아마존의 창립자 제프 베이조스는 생각을 바꾸고 자신의 이야기를 분석하여 새로운 정보를 토대로 이야기를 다시 상상하기를 잘하는 것으로 알려진 사람이다. 그는 이야기 더미 속에서 하나의 이야기를 골라내는 탁월한 재주가 있어서 특정 사안이나 프로젝트에 대해 자신의 생각을 바꾸는 것이 전체적인 사고에 위협이 되지 않는다.

먼저 실패한 벤처 사업체인 아마존 옥션스를 살펴보자. 이베이에 대항하기 위해 만든 플랫폼이지만 전혀 관심을 끌지 못했다. 베이조스는 '경매 분야에서 이베이랑 한번 맞붙어 보지 뭐'라는 자신의 이야기가 실패한 것을 사업 전체에 대한 위협으로 생각하는 대신 이야기와 전략을 바꿨다. 그 결과 현재 엄청난 수익을 내고 있는 아마존의 제3자 셀러 프로그램이 탄생했다. 전체 세계관을 무너뜨리지 않으면서도 잘못된 이야기만 제거할 수 있으니 크게 걱정할 필요가 없다. 이야기를 다시 써 내려가는 것은 다른 이야기들에 대한 의구심을 자아낼 테지만 이 역시 내레이터가 실재하지 않는 위험으로부터 우리를 보호하려고 만들어낸 또 다른 이야기일 뿐이다. 실재하는 현실이라기보다는 공포심에 가까운 것이다.

자, 이제 다시 이야기해 보자. 뇌 속 이야기의 대부분은 벽이라기보다는 복잡하게 연결된 망에 가깝다. 아까 말했듯이 벽이라면 벽돌 하나를 중간에서 빼냈을 때 전체가 흔들릴 수 있고, 바닥 쪽 벽돌을 꺼내면 아예 무너질 수도 있다. 그러나 망의 경우는 다르다. 망을 이루는 가닥들이 서로 얽히고설킨 가운데 중간중간 다양한 중심점들이 존재한다. 하나의 가닥이 사라져도 망 전체는 큰 영향을 받지 않을 것이다. 대부분의 우리 이야기는 이러한 망이다. 하나의 이야기를 다시 쓴다고 해서 관련된 모든 이야기를 버려야 하는 것은 아니다. 하나의 이야기를 다른 이야기로 교체하면 때로 망이 더 견고해지기도 한다.

불안감을 극복하기 위해 우리는 계속 생각을 이어가야 한다. 질문을 차단하고픈 유혹을 뿌리치자. 새로운 이야기에 대해 늘 마음을 열어두자.

불확실성은 가능성을 의미한다

우리는 당신이 목표를 추구하는 동안 마주하는 난제들에 내레이터가 어떤 영향을 미치는지 명확히 살펴보게끔 하고 싶다. 이것을 이해한다면 당신은 좀 더 나은 단계로 나아갈 수 있다. 그러나 이해하지 못한다면 당신은 결국 지금의 위치에 머물거나 원하지 않는 위치에서 표류하게 될 가능성이 크다.

대중 연설을 하기로 결심했을 때 메건 역시 자신의 선택을 마주하고 있었다. 앞서 말한 것처럼 그녀의 아버지는 유명한 대중 연설가였다. 그녀가 기저귀를 찬 아기였을 때부터 아버지는 그 일에 종사하고 있었다. 그래서 사람들은 딸인 그녀 역시 대중 연설을 잘할 것이라고 생각했을 것이다. 마치 대중 연설이 유전으로 전해 내려오는 능력치인 것처럼 말이다. 그러나 메건은 자신에게 그런 능력이 없음을 진즉에 알고 있었다. 또 스스로 그렇다고 믿게끔 만들었다. 그런 두려움을 숨기고 대중 연설을 마다하다 보니 수치심과 공포감은 더욱 커져만 갔다. 아마 당신에게도 비슷한 삶의 영역이 있을 것이다.

그녀도 내레이터의 이야기가 마음에 들지 않았지만 그 이야기들은 너무나 사실처럼 느껴졌다. 워낙 사실 같다 보니 의문을 제기하기도 어려웠다. 게다가 내레이터의 이야기를 틀렸다고 생각하고 행동하는 것이 매우 위험한 일처럼 느껴지기까지 했다. 그러나 내레이터가 잘못된 정보를 가지고 있었다면 어땠을까? 사실 완벽한 진실이 보장된 경우는 거의 없다. 우리 모두 잘못된 정보를 믿었던 경험이 꽤 자주 있다. 그리고 앞서 설명한 것처럼 지금의 이야기가 잘못되었을 수도 있다는 가능성을 조금이나마 인정하는 것은 엄청난 불안감을 야기하기도 한다.

물론 이야기가 잘못되었을 수도 있다는 가능성은 더 나은 방향으로 나아갈 가능성이기도 하다. 불확실성은 신호등으로 치면 빨간불이 아니라 노란불인 셈이다. 친구 미셸에게 대중 연설 관련 문자를 보냈을 때 메건 역시 그랬다. 팀원들이 그녀에게 부탁한 기조연설을 수락했을 때도 마찬가지였다. 분석 결과 이야기의 앞뒤가 맞지 않을 때 우리는 빠르게 다른 이야기를 상상할 수 있어야 한다. 이 방법에 대해서는 다음 장에서 다뤄보도록 하겠다. 결국 성공은 이 불확실성이 주는 불편함을 얼마나 잘 참아내느냐에 달려 있다. 불확실성을 잘 수용할수록 우리가 마주한 난제를 헤쳐나갈 창의력은 더 커지게 된다. 첫째로 알아야 할 점은 불확실성에 대한 내적 저항이 '매우 자연스러운 현상'이라는 점이다. 긴장하거나 생각을 차단하지 말고 조용히 내 안을 들여다보자. 본인이 느끼는 감정이 무엇인지, 그리고 왜 그렇게 느끼는지에 대해 질문하면서 자각 능력을 키워가 보자.

두 번째로 성장을 위한 기회를 잡아야 한다. 의미 있는 이야기가 의심을 받게 되면 위협처럼 느껴지게 마련이다. 오래도록 믿어온 것을 놓는다는 것은 엄청난 상실감을 야기하기 때문에 쉽게 결정하기 어려울 것이다. 그러나 실제로는 그 과정이 성장을 위한 기회인 경우가 많다. 불확실성은 새로운 가능성으로 우리를 인도한다. 잃는 것보다 얻는 것에 집중해 불안감을 없애보자.

세 번째로 자기 자신과 이야기를 분리해야 한다. 우리는 종종 우리가 만든 이야기와 우리의 정체성을 동일시한다. 커리어나 성공, 직업적 위치 등과 관련된 이야기라면 더더욱 그렇다. 당신의 이야기가 당신을 만든 것이 아니라 당신이 그 이야기를 만들었음을 잊어서는 안 된다. 부나 성공 혹은 행복에 관한 이야기를 재구성한다고 해서 당신의 자아가 없어지거나 다시 구성되는 것이 아니다. 도리어 새로이 창조한 이야기는 당신의 정체성을 더 또렷하게 만들어줄 것이다. 새로운 이야기는 기존의 이야기보다 더욱 진실에 가까울 테니까.

마지막으로 꽉 쥔 주먹이 아닌 활짝 열린 마음으로 당신의 이야기를 다루자. 이야기에 의문을 제기하기가 꺼려진다면 그 이유를 깊이 생각해 보자. 기존의 이야기를 방어하려는 욕구를 어떻게든 이겨내고 계속 질문해 보자. 지금 당신의 자아는 재판받는 것이 아니다. 당신을 둘러싼 세계를 좀 더 잘 이해하려고 노력하는 중일 뿐이다. 이 과정에서 기존 영역을 보존하려는 노력은 전혀 도움이 되지 않는다.

MIND
YOUR
MINDSET

3장

초마인드로 사고하라

설계하기

예상은 언제나 보기 좋게 빗나간다

마이클은 다양한 문화와 인종, 종교, 국적을 가진 청중을 대상으로 한 회의에 참석한 적이 있다. 오프닝 세션에서 참석자들은 세 명씩 짝을 지어 조를 정하고 서로의 공통점을 적어보는 미션을 수행했다. 마이클은 한 조가 된 사람들과 거의 공통점이 없을 것이라고 생각했다. 언어도 다르고 문화적 가치관도 다르고 세계관 자체도 매우 다른 이들과 공통될 만한 것이 도대체 뭘까? 공통점은커녕 의사소통도 어렵겠다 싶었다. 10분간은 그저 고개를 끄덕이고 예의 바르게 미소지으면서 머릿속으로 오늘 할 일이나 정리해야겠다고 생각했다.

그런데 웬걸, 그의 예상은 완전히 빗나갔다! 미션이 끝날 무렵 서로 다른 국적과 종교를 가진 세 사람은 무려 82개의 공통점을 찾아냈다. 그들은 모두 자식을 사랑했고 아이들에게 더 나은 삶을 물려주기를 원하고 있었다. 정직함과 청렴함을 높은 가치로 여겼고 웃는 것과 독서를 즐겼으며 지향하는 목표 중 일부도 일치했다. 세션이 끝날 무렵 그는 놀라움과 감동, 그리고 감사함을 느끼고 있었다. 그때의 경험은 그가 다른 문화권의 사람들에 대해 생각하는 방식을 완전히 바꿔놓았다. 정말 잊을 수 없는 교훈이었다.

그날은 마이클 인생에 전환점이 되었다. 그때 이후 그는 언제나 열린 자세를 유지하려고 노력하게 되었다. 새로운 이야기와 경험을 적극적으로 수용하고 그 이야기와 경험 사이에 새로운 연결고리를 만들어내려고 열심히 노력했다. 언제든지 이야기를 다시 쓸 준비가 된 것이다.

사실 우리가 닫힌 생각이라고 일컫는 것들은 친숙하고 잘 정비된 신경 경로를 선호하는 뇌가 작동하는 지극히 표준적인 방식이다. 뇌는 미래를 위해 패턴을 파악하고 정리하는 데 탁월하다. 그래서 특정한 상황이나 경험을 마주하면 내레이터가 뇌 속 저장고로 쏜살같이 달려가 가장 친숙한 이야기를 꺼내 오는 것이다. 그래서 우리가 가장 자주 이용하는 신경 경로는 마치 고속도로처럼 변하게 된다. 여러 개념을 이어주는 가장 빠르고 쉬운 길인데 이용하지 않을 이유가 없다. 기존의 개념과 이야기로 가득 찬 뇌 속 도서관만 계속 이용하면 된다. 이렇다 보니 다른 가능성은 감지하기조차 어려워진다. 그래서 마이클도 앞서 언급한 회의에서 다른 문화권 사람들과 소통하는 것에 대해 의문을 가졌던 것이다. 예전에 그는 자신과 매우 다른 사람과 의사소통하는 데 애를 먹은 적이 있었는데 그때의 경험이 유일한 기준점이었기 때문이다. 지금까지와 다른 생각을 하기 위해서는 무엇인가가 그를 기존의 익숙한 경로에서 밀어내야만 했다. 비로소 그날의 새로운 경험이 뇌 속에 새로운 신경 연결을 만들어냈고 이 경험이 새로운 사실을 깨닫게 해주었다.

당신도 마찬가지다. 새로운 이야기를 원한다면 기존의 생각 패턴에서 벗어날 필요가 있다. 뇌가 작동하는 기본 원리를 생각해 보자. 뇌 속에는 뉴런이라 불리는 신경세포들이 시냅스를 통해 연결되고 소통하는 거대한 연결망이 존재한다. 이 신경 연결고리들은 당신이 생각하기 위해 필요한 도구이면서 당신의 생각 자체를 멋대로 결정짓는 역할을 하기도 한다. 만약 당신이 생각을 고쳐먹고 싶다면 뇌가 새로운 신경 연결고리들을 만들 수 있도록 기존의 익숙한 경로를 벗어나야 한다. 일단 뇌 속 고속도로에서 나와 다른 길로 가게 되면 고속도로에서는 절대 보거나 경험할 수 없었던 것들을 알게 된다. 다른 경로를 억지로라도 따라가다 보면 새로운 생각과 아이디어가 떠오르게 되고 이것으로 새로운 이야기, 더 나은 결과를 도출해 낼 수 있다.

이 장에서는 익숙한 루틴을 벗어나기 싫어하는 뇌를 자극하기 위한 기술들을 소개해 볼 예정이다. 당신이 새로운 가능성을 열고 신경 연결고리들을 활용할 수 있는 견고하면서도 현실적인 전략을 얻을 수 있기를 바란다.

먼저, 가능성을 생각하라

코칭 수업을 하다 보면 사람들이 새로운 가능성에 대해 자기도 모르게 마음의 문을 닫고 있음을 알게 된다. 어찌 보면 당연한 일이다. 내레이터는 실패로부터 당신을 보호하는 일을 가장 중요하게 여기기 때문이다. 아마 내레이터들이 이렇게 속삭이는 소리를 여러 번 들었을 것이다.

- 그건 절대 할 수 없어!
- 이 프로젝트를 시작할 자원이 충분치 않아.
- 딱 맞는 후보는 없어.
- 난 기술 쪽이 약해.
- 우리는 절대 이길 수 없어.
- 걔들 원래 그렇잖아.
- 그 문제를 해결할 시간이 없어.
- 그들은 절대로 날 고용하지 않을 거야.
- 난 돈이 부족해.

이런 말들은 우리를 위험성으로부터 차단해 확실성을 보장하기 때문에 어느 정도의 안정감을 제공한다. 결과에 만족하지 못하더라도 선택의 여지가 없었다거나 할 수 있는 것이 없었다는 사실에서 약간의 위안을 얻는 것이다. 이런 식의 생각은 다음에 무슨 일이 일어날지에 대해 빠른 답을 주겠지만 대신 우리가 가능하다고 생각하는 범주를 매우 좁게 한정 짓는다. 더 큰 문제는 스스로를 제한하는 이런 이야기들은 문제 제기를 받으면 더욱 견고해진다는 사실이다. 사람들은 자신의 가정이 공격받으면 방어적으로 변한다. 나와 의견이 같은 사람에게서 위안을 받으려 하고 의견이 다른 사람을 적대시한다. 결국 생각이 같은 사람들하고만 어울리게 되면서 이 생각 방식은 더욱 굳어진다.

다행히 뇌는 생각보다 유연하다. 스탠포드대학교 석자 교수이자 교육학자인 조 볼러(Jo Boaler)는 인간이 잠재력을 깨닫기 시작하면 발목 잡혀 있던 자아의 일부에 날개가 달려 스스로를 한정 짓는 믿음에서 벗어날 수 있게 되어 삶에서 직면하는 크고 작은 문제들을 해결해 성취를 이룰 수 있다고 주장했다. 즉 가능성을 생각하는 방법을 스스로 터득할 수 있다는 것이다. 그래서 우리가 코칭 수업을 하면서 가장 먼저 해주는 조언도 바로 자각을 연습하는 것이다.

앞서 이야기한 것처럼 당신의 이야기를 분석하기 위한 시발점은 당신의 언어와 감정을 알아채는 것이다. 상황과 문제에 대해 스스로 어떤 말로 대응하는지 살피고 메모해 보자. 부정적이거나 방어적인 언어를 사용했다면 왜 그랬는지 자문해 보자. 너무 자기비판적일 필요는 없다. 그저 생각의 흐름을 되짚으면서 살피면 된다. 감정 역시 같은 방식으로 분석하면 되는데 특히 부정적 감정이라면 이 과정이 더욱 필요하다. 분노나 공포, 불안, 환멸 혹은 적대감을 느낄 때 그 이유를 파악해 보자. 단순히 위기를 모면하기 위한 소극적 이유 때문에 만들어진 당신의 이야기가 보일 것이다.

당신을 제약하는 이야기를 일단 파악하고 난 뒤 가장 쉬운 방법은 이 이야기를 당신에게 힘을 주는 이야기로 바꾸는 것이다. 당신이 정신분석가가 아니라도 괜찮다. 당신의 이야기 속에 내재되어 있는 제약을 인식하고 이것을 가능성에 기반한 미래지향적 이야기로 바꾸기만 하면 된다. 다음 표에 제약적인 태도와 열려 있는 태도 몇 가지를 비교해 두었다. 만약 스스로 제약적인 태도에 갇혀 있다는 생각이 든다면 생각을 좀 더 긍정적으로 바꿔보자.

긍정적인 태도를 스스로 되뇌며 마치 진짜 그 이야기를 믿는 것처럼 실천해 보는 것도 방법이다. 그러다 보면 행동을 통해 믿음이 실현될 것이다. 마치 현실이

제약적 태도	긍정적 태도
이 문제를 해결할 방법이 없어.	모든 문제에는 해결책이 있지.
자원이 부족해.	자원은 가장 필요할 때 찾아낼 수 있을 거야.
장애물이 너무 많아.	장애물보다 기회가 더 많아.
어떻게 저 문제를 다뤄야 할지 모르겠어.	누군가 해결 방법을 찾아놓았을 거야. 난 그 방법을 찾기만 하면 돼.
여기서는 그런 전략을 쓰지 않아.	전략은 도구이지 목적이 되어서는 안 돼.
난 실패했어, 실패작이야.	실패란 피드백에 불과하지 결론이 아니야.
해봤는데 난 잘하지 못하더라고.	매번 잘해야만 성공하는 것은 아니야.
시간이 모자라.	시간 제한이 있으면 해방감이 더 크게 느껴져.

우리의 믿음을 따라와 주는 것 같다. 마이클이 가장 좋아하는 코칭 방식 중 하나도 열린 질문을 통해 가능성을 기반으로 한 생각을 자극하는 것이다. 일반적으로 사람들은 질문할 때 보통 문제 자체에 집중한다. 예를 들어 '도대체 뭐가 문제인 걸까?', '이 일이 왜 일어난 거지?',

'어떻게 하면 막을 수 있었을까?', '이 문제에 얼마나 많은 시간과 돈이 들까?' 이런 식이다. 모두 의미 있는 질문들이지만 문제에 지나치게 집중하다 보니 해결책도 뻔한 것들만 도출된다. 질문이 우리의 상상력을 제약한다고 볼 수 있다. 이런 질문을 폐쇄형 질문이라고 한다.

그래서 우리는 사람들을 '긍정적인 질문'으로 유도한다. 긍정적인 질문은 풍부한 상상력과 해결책에 집중하는 자세에서 나온다. 이것이 바로 심리학자 마틴 셀리그만(Martin Seligman)이 말한 '학습된 낙관주의'를 키우는 방식이다. 이 방식은 특정한 상황에서 지금 당신이 내린 결론이 유일한 것이 아님을 인지하는 것부터 출발한다. 당신의 결론은 지금 이 순간 당신 손에 쥐어진 최선일 뿐이며, 거의 항상 그 결론을 대체할 방법은 있게 마련이다. 긍정적인 질문은 문제 분석을 넘어 새로운 해결책을 찾기 위한 모든 의문을 포함한다. 몇 가지 좋은 예를 들어보자.

- 무엇이 이것을 가능하게 하지?
- 반대로 하면 어떨까?
- X나 Y, Z를 이루기 위해서는 무엇이 필요할까?

- 이것을 어떻게 재구성할 수 있을까?
- 생각해 낼 수 있는 다른 아이디어는 뭘까?
- 이 상황에서 내가 나에게 원하는 모습은 무엇일까?
- 1~3년 사이에 무슨 일이 일어날까? 어떻게 상황을 바꿀 수 있을까?
- 이것에 대해서 나보다 더 잘 아는 사람은 누구일까?
- 이 일을 위해서 어떤 사실들이 필요할까?

이 질문들을 잘 살펴보자. 묻는 사람이 배우는 입장이라는 것을 알 수 있다. 닫힌 폐쇄형 질문은 즉각 알 수 있는 유일한 정답이 있다고 전제하는 반면, 열린 가능성 질문은 상상력 한가운데서 탐색과 발견을 가능하게 한다. 이런 열린 질문들은 뇌 속 새로운 신경 경로에 불을 지핀다.

천재처럼 반대하기

새로운 생각을 만들어내는 또 다른 기술은 기존의 생각에 반대하는 것이다. 시대의 천재들이 늘 기존의 통념에 반대하고 다른 사람들의 생각이나 시선을 신경 쓰지 않는 사람이었던 건 결코 우연이 아니다. 스티브 잡스가 고집스럽게 단순함에 집착했던 것이나 마리 퀴리 박사가 언제든지 기존의 통념을 버릴 준비가 되어 있었던 것을 생각해 보면 알 수 있다.

실제로 창의성과 기존의 관습적 사고방식을 거부하는 의지 간에는 직접적 상관관계가 있다. 신경심리학자 엘코넌 골드버그는 관습을 부정하는 경향이 창의성에 대한 충분조건은 아니지만 필수조건임은 분명하다고 말하기도 했다. 심리학자 개리 클라인(Gary Klein)에 따르면 기존의 이야기에 반대하는 것은 발견으로 가는 첫 단계로, 다른 사람들의 이야기를 분석하고 해체하는 과정이다. 창의적인 사고를 위해서 우리는 아무도 물으려 하지 않는 질문을 할 수 있어야 하고 남들이 소리 내어 말하지 못하는 아이디어들을 제안할 수 있어야 하며 다른 이들이 소극적이라 하지 못하는 행동을 할 수 있어야 한다. 창의적인 사람들이 거만하고 시끄럽다는 의미가 아니라 새로운 생각을 할 수 있을 정도로 용감해야 한다는 뜻이다. 이것은 결국 '상식적인' 해석에 반대할 수 있어야 한다는 뜻이기도 하다.

흔히 통용되는 이야기를 제친다는 것은 어찌 보면 다소 극단적인 태도처럼 보일 수 있다. 많은 창의적인 인재들이 딱 그런 모습을 보이기도 했다. 존 F. 케네디는 10년 안에 사람이 달에 갔다가 돌아올 수 있을 것이라 말했고, 사업가 리처드 브랜슨(Richard Branson)은 민간 회사들도 우주선을 만들 수 있다고 주장했다. 월트 디즈니는 상대적으로 덜 알려진 플로리다라는 도시에 세계 최대 테마파크를 짓기로 결정했다. 한계를 넓혀가다 보면 뇌는 새로운 연결고리들을 만들기 시작하고 더 멋진 이야기를 써 내려가며 예상치 못했던 결과를 성취하게 된다. 가끔은 돌파구를 찾아내기 위해 사고의 폭을 거의 '미친' 수준까지 몰아가는 것도 필요하다.

현재 사실과 반대되는 생각을 하는 것 역시 통용되는 생각을 제치는 기술 중 하나다. '실패할 수 없다는 사실을 미리 알았다면 어땠을까?', '자원이 무제한으로 주어진다면 어떨까?', 혹은 '40년 전이 아니라 오늘 이 사업을 시작한다면 어떨까?' 등의 질문은 뇌 속 기존의 연결고리들을 뛰어넘어 새로운 가능성으로 나아갈 수 있도록 유도한다. 뇌가 기본적으로 상황을 평가하는 방식을 바꿀 수 있는 또 다른 기술은, 일부러 반대되는 아이디어를 생각하면서 이 어려움을 극복할 방법을 고민해 보는 것이다. 노벨상 수상자들을 분석한 한 자료에서는 그들이 돌파구 마련을 위해 의도적으로 모순된 생각에 골몰했다는 점을 발견할 수 있다. 모순과 역설을 고민하면 기존의 신경 경로로는 뇌에 주어진 긴장감을 해소할 수 없기 때문에 어쩔 수 없이 새로운 신경 경로를 만들게 된다.

우리는 코칭 수업에 참여한 사람들이 해결책으로 '네'와 '아니오' 중 하나를 선택해야 한다는 생각에서 벗어나 제3의 방식을 찾도록 유도함으로써 이 같은 반대하기를 연습시킨다. 역사적으로 최고의 문제 해결사들은 이 방식을 통해 인간의 이해력을 향상시켜 왔다. 코페르니쿠스, 갈릴레오, 허블 모두 이 방식을 택했다. 그들은 단순히 데이터가 틀렸다고 주장하지 않고 데이터가 바뀌어야 한다고 주장했다. 창의성 연구의 선구자인 조이 폴 길퍼드(Joy Paul Guilford)는 이 방식을 '확산적 사고'라고 불렀는데 딱 떨어지는 유일한 해답이 없는 문제들에 관해 생각하는 방식을 일컫는다.

일터에서 볼 수 있는 확산적 사고의 대표적 예는 필

요한 자원이 부족할 때 나타난다. 대체로 Y라는 결과를 만들기 위해서 X라는 자원이 필요한데 X가 없으면 Y라는 결과를 만드는 것이 불가능하다고 생각하기 마련이다. 일견 합리적 사고처럼 보이지만 사실은 당신의 내레이터가 성급히 결론을 내린 것에 불과하다. 기존의 신경경로가 상황에 대해 예상이 가능하고 굉장히 '그럴싸해' 보이는 결론을 제공한 것일 뿐이다. 그러나 확산적 사고를 하기 시작하면 일단 X가 없더라도 Y를 만들어낼 수 있을 것이라 여기게 된다. 핵심은 이러한 모순적 상황을 되뇌는 사람의 뇌 속에서 무슨 일이 일어나고 있느냐다. 그의 뇌는 불가능해 보이는 것을 어떻게 가능하게 만들 것인가에 대한 답을 찾기 위해 바쁘게 움직이기 시작한다. 서로 상충하는 듯한 개념들에 대해 너무 쉽게 포기하지 말자. 확산적 사고와 무의식의 도움으로 당신의 이야기를 재구성할 수 있는 연결고리를 곧 찾게 될 것이다.

아이들은 최고의 스승

그럼에도 불구하고 막다른 골목에 막힌 기

분이 든다면 어떻게 해야 할까? 새로운 아이디어와 이야기를 창조하기 위해서 어떻게 창의성에 불을 지필 수 있을까? 먼저 세상에서 가장 창의적인 사람들을 한번 살펴보자. 바로 아이들이다. 새로운 이야기는 상상력의 원천인데 아이들은 바로 이 새로운 이야기를 떠올리는 데 귀재다.

2021년 에버기븐호 컨테이너 선박이 수에즈운하에 끼여 좌초되었을 때 한 패기 있는 기자가 아이들에게 해법을 물어보았다. 그리고 결과는 참신하고 놀라웠다. 네 살이던 테디는 자신의 아이디어가 분명히 효과가 있을 것이라 확신했다.

"크레인, 밧줄, 경사로, 그리고 자동차만 있으면 돼요. 크레인에 매달린 차가 경사로를 오르면 크레인에 달린 밧줄을 끊어요. 차가 선박 위에 쿵 하고 떨어지겠죠. 그러면 선박이 움직이면서 다시 바다 위를 운행할 수 있을 거예요. 이게 실패하면 차를 한 대 더 그렇게 올리면 돼요."

다섯 살이었던 휴고 역시 자신 있게 답했다.

"잘라내면 돼요!" 선박의 한 귀퉁이를 자르라는 뜻이었다.

정말 참신한 해결책들이 아닐 수 없다. 그러나 아이들의 해답은 현장에서 유의미하진 않았다. 즉 문제를 직접 해결할 수는 없었다는 말이다. 이에 반해 어른들은 유의미한 아이디어를 잘 만들어내지만 늘 참신함이 부족하다. 어른들의 아이디어는 보통 이전에 들어봤을 법한 것들이다. 어른들이 행하는 대부분의 브레인스토밍은 바로 이런 익숙함에 오염되기 쉽다. 크리에이티브 디렉터인 스테판 머마우(Stefan Mumaw)는 일반적인 브레인스토밍으로 어른들이 내놓은 답은 놀랍도록 새롭지 않다고 말했다. 그 이유는 뻔하다.

브레인스토밍이란 근본적으로 뇌가 새로운 연결고리를 만들어보기 전에 기존의 익숙한 신경 경로를 활용하는 신경학적 과정이기 때문이다. 일단 당신의 뇌는 완전히 새로운 것에 대해 거부감을 갖고 있다. 어떤 때는 의식적으로 새로운 생각 자체가 아예 안 떠오르는 경우도 많다. 다행인 점은 이 단계가 문제를 고민할 때 가장 첫 번째 단계라는 점이다. 바로 떠오르는 아이디어 수가 점점 줄어들면 사람들의 조바심이 커지기 시작한다. 그러다가 누군가가 정말 말도 안 되는 아이디어를 제시한다. 그리고 이 아이디어가 바로 돌파구의 씨앗이 된다.

분명 비현실적이지만 완전히 새로운 아이디어는 사람들에게 해방감을 주어 차마 입 밖에 내지 못했던 아이디어들을 제시할 수 있도록 유도한다. 그리고 가능한 것의 경계를 무너뜨리기 시작한다. 그러면서 진정으로 창의적인 생각들이 수면 위로 떠오르기 시작한다. 잘못된 것이 맞는 것이 될 수는 없지만 그렇다고 맞는 것으로부터 완전히 동떨어져 있는 것도 아니다. 어쩌면 당신에게 필요한 해답을 가져다줄 가장 빠른 지름길을 보여줄 수도 있다.

말도 안 되는 하나의 생각이 물꼬를 트고 나면 새로운 연결고리들이 만들어지기 시작한다. 바로 이 순간에 당신의 뇌가 개념들을 서로 섞어 퍼즐 조각처럼 하나하나 다시 맞춰나가는 작업을 시작한다. 이 과정이 일단 시작되면 그 자체로 생명력을 가지고 움직이기 시작한다. 머마우가 이 과정에 대해 정리한 도표를 보자.

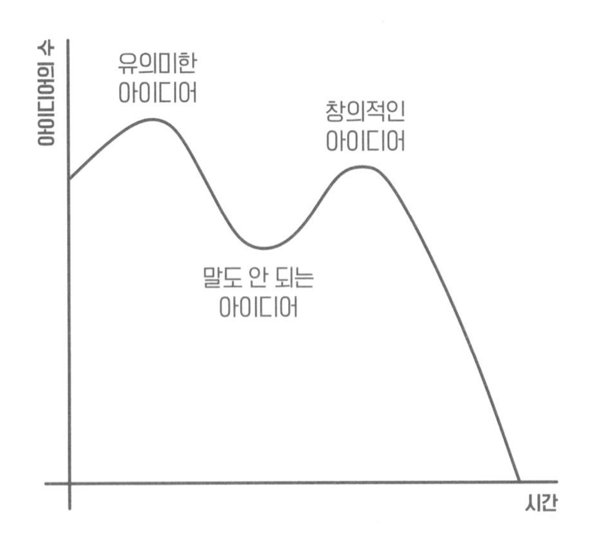

효과적인 브레인스토밍은 생각의 단계를 파악하고 그 단계들을 오갈 수 있을 때 가능하다. 처음 내놓은 아이디어가 바닥나는 그 순간을 브레인스토밍 과정의 끝이라고 생각하면 안 된다. 그 순간이 바로 진정한 시작이다. 머마우에 따르면 참신하면서도 유의미한 아이디어를 알아채는 가장 좋은 방법은 빠르게 바보가 되는 것이다. 말도 안 되는 아이디어를 떠올리다 보면 비현실적으로 보이던 아이디어를 입 밖에 꺼내지도 못하도록 우리를 막고 있던 거대한 벽을 허물 수 있게 된다. 그렇다면 당신의 창의성에 불을 지피기 위해 이런 질문들을 던져

보겠다.

- 효과가 있을 법한 가장 멍청한 (혹은 말도 안 되는) 아이디어는 무엇일까?
- 같은 상황에서 내가 다른 사람이라면 어떻게 했을까?
- 우리가 성공하기 위해서는 무엇이 사실이어야 할까?
- 불가능한 것이 없다면 우리는 무엇을 시도할까?
- 우리의 선택을 제약하는 요소들은 무엇인가? 만약 그 요소들이 없다면?
- 실패가 두렵지 않다면 무엇을 시도할 것인가?

뇌가 경험을 뛰어넘을 수 있도록 하는 또 다른 방법은 바로 초심자의 마음으로 돌아가 문제를 바라보는 것이다. 이때는 이런 당연한 질문을 할 수 있다.

- 이 문제가 전에 일어난 적이 없다면 나는 이것을 어떻게 처리할 것인가?
- 초등학교 5학년이라면 뭐라고 말했을까?
- 우리는 이 일을 왜 이런 방식으로 처리할까?
- 우리가 그 아이디어를 여전히 믿고 있는가?

- 다른 이들이 그런 방식으로 생각하거나 행동하는 이유는 무엇인가?
- 내가 이 일을 정말 해야 하는가? 이 일을 정말 해야 하는 다른 누군가가 있는가?
- 내가 이 사업을 오늘 새로 시작한다면 지금과 같은 구조를 그대로 가져갈 것인가?
- 저 단어나 문장의 진짜 뜻은 무엇인가?
- 이 아이디어를 또 다른 방식으로 설명할 수 있는가?

이미 알고 있는 것에 대해 다시 생각하고 다시 말해보는 이 단순한 행위가 마치 거실의 벽지처럼 눈에 들어오지 않는 존재가 되어버린 개념과 연결고리 그리고 과정을 다시 재조명하도록 만들어줄 것이다. 신경과학자, 예술가, MBA 교수, 심리학자, 심지어 고전주의자조차 창의성이나 혁신의 기본을 강조한다. 혁신의 기본은 기존의 이야기에서 벗어나 이야기를 새로운 방식으로 재조합하거나 새로운 외부 요소들을 결합해 새로운 가능성을 만들어내는 것이다. 그런데 이렇게 만들어진 이야기가 진정 해답인지는 어떻게 알 수 있을까?

실험하는 마음으로

새로운 이야기에 대한 저항은 타인으로부터 비롯될 때도 있고 나의 내면에서 생겨날 때도 있다. 우리는 본능적으로 지나치게 참신한 생각을 하는 것이 위험하다는 것을 안다. 변화를 추진하는 프로젝트의 거의 75퍼센트가 실패하는 가장 큰 이유가 위험 회피 욕구 때문이다. 이 회피 욕구가 변화하고자 하는 계획을 사실상 무너뜨리는 저항의 벽을 만들게 된다.

변화에 대한 이런 거부감을 극복하기 위한 아주 쉬운 방법 중 하나는 실험적인 마음가짐을 갖는 것이다. 다른 말로 하면 새로운 이야기를 최종적인 결과물이 아닌 실험을 위한 과정 중 하나라고 생각하는 것이다. 이것은 과학적 방식의 정수라 할 수 있다. 과학자는 문제를 관찰하고, 가설을 세우며, 이 가설을 검증하기 위해 실험을 단행한다. 이 과정에서 과학자는 가설을 가설답게 가볍게 생각할 수 있어야 하고 실험이 끝날 때까지 결론을 내리지 말아야 한다.

실험적 마음가짐을 갖기 위해서는 '지금 상황에 대한 나의 판단은 완벽해'라는 태도를 '내 생각이 지금으로서는 최선인데 새로운 것을 시도하면 어떻게 되는지 한 번 보자'라는 태도로 전환해야 한다. 이 사고방식은 그간 진보를 이끌어왔던 방식이기도 하다. 코페르니쿠스, 마리 퀴리, 제프 베이조스에 이르기까지 새롭고 혁신적인 아이디어를 사용해 세상을 재편한 사람들은 수도 없이 많다. 당신이 알고 있는 성공한 사람 중 기존의 것을 반복해 그 자리에 오른 이는 단 한 명도 없다. 그들은 혁신을 시도했고 적응했으며 변화했다. 그리고 당신도 그렇게 할 수 있다.

새 이야기를 위한 아이디어를 실험으로 간주하면 시도하기에도 부담이 없고 다른 사람에게 해보라고 권하기도 쉬워진다. 잘되면 좋은 것이고 잘 안 되어도 거기에 발목 잡힐 사람이 없다. 결과가 어찌 되었든 해보지 않았으면 전혀 몰랐을 새로운 정보를 수집할 수도 있게 된다. 그리고 실수는 그 순간에는 실패처럼 보일지 몰라도 일반적으로는 우리를 돌파구에 더 가까이 인도한다. 이런 이유로 우버는 2018년 익스프레스풀 서비스를 론칭하기 전에 대대적인 실험에 착수했다. 새로이 생각해낸 아이디어가 우버의 다른 서비스에 어떠한 영향을 미칠까 머릿속으로만 생각하지 않고 직접 실험을 감행한 것이다. 새로운 이야기를 실험으로 생각하게 되면 위험이 줄고 다른 이들도 쉽게 수긍하게 만들 수 있다. 당신도 우버처럼 한다면 성공 여부와 상관없이 실험이 끝날 때쯤 당신의 지식은 시작할 때보다 훨씬 더 불어나 있을 것이다.

당연한 이야기지만 첫 시도로는 보통 원하는 결과를 얻기 힘들다. 어른들은 이것을 실패라고 부르는데 사실 이것은 실수다. 우리는 이것을 피드백이라고 생각해야 한다. 그렇게 생각하면 실패한 시도가 크게 아프게 다가오지 않는다. 무엇엔가 가로막힌 듯한 느낌도 사라진다. 현실에서 피드백을 얻는다는 것은 성장이나 변화에 필수적이다.

어른들이 1년 동안 배우는 것보다 많은 양을 하루에 흡수하고 있는 아기들은 항상 놀라움을 표현한다. 신경과학자 스타니슬라스 데하네는 예상치 못한 결과가 아기들의 흥미를 더욱 자극하여 탐색을 유도한다고 말했다. 이러한 과정은 과학자들이 벽을 뚫고 지나가는 장난감처럼 불가능해 보이는 것들을 아기들에게 보여주었을 때 나타난 반응을 살피면서 알게 되었다. 아기들은 이 엄청난 장난감이 내는 소리를 기억하고 다른 장난감보다 훨씬 오래 가지고 놀았다. 몇몇 아기들은 심지어 상황을 설명하려고 문장을 만들어 말하기도 했다.

이것이 인간이 학습하는 방식이다. 우리가 이해하지 못하는 무슨 일인가가 벌어진다. 우리는 그 일을 탐색하고 거기서 피드백을 얻는다. 그렇게 배운 무엇인가를 토대로 현상에 대한 우리의 결론을 바꾼다. 이 과정을 데하네의 말로 표현하면 '우리 내면에 펼쳐진 세상의 모형은 예상치 못한 사건들에 반응해 매번 조정된다.' 즉 이야기를 견고하게 만드는 것이다. 그래서 이야기를 새롭게 상상하고 만들어내려는 우리의 시도를 실패가 아닌 피드백으로 재규정하는 것은 매우 중요하다. 우리는 우리의 아이디어가 효과적이지 않다는 사실을 인정하기 어려워한다. 위축되기도 하고 때로는 민망하기 때문이다. 그럼에도 불구하고 이 과정은 발견에 있어 가장 필수적인 단계다. 이야기를 새로이 만들어낼 때 핵심은 꾸준함이다. 계속 실험하고 반복하면서 획득한 피드백을 활용해 사고를 좀 더 정교하게 만들자. 새로운 정보가 생겨날 때마다 이야기는 변화할 수 있기에 그 어떤 이야기도 100퍼센트 완벽하다고 할 수 없다. 더 많이 배울수록 당신의 이해는 더 정밀하고 깊어질 것이다.

여기서 한 가지 주의할 점이 있다. 아이디어에 대해 열린 태도로 배우는 게 아니라 자신의 아이디어가 옳음을 확인하기 위해 실험을 이용해서는 안 된다는 것이다. 이것은 여러 연구에서 흔하게 대두되는 문제다. 처음에는 가설 혹은 이야기를 검증하기 위해 시작하는데 실제로 가설에 이미 엄청난 시간과 에너지를 쏟은 상태이다 보니 자연스럽게 그 가설이 맞기를 바라게 되는 것이다. 그러면서 자신의 이야기를 뒷받침하지 않는 피드백은 무시하게 된다. 심지어 관점에 맞는 피드백을 도출해내려고 무리할 수도 있다. 우스갯소리로 데이터를 충분히 고문하면 뭐든 불게 마련이다. 실험적 마음가짐은 증명하려는 욕구가 아니라 발견하려는 욕구에서 비롯된다. 노벨물리학상 수상자인 이바르 예베르(Ivar Giaever)는 이런 말로 이 자세를 잘 표현했다.

"내게 있어 최고의 순간은 실험을 통해 어떤 아이디어가 좋은지 나쁜지를 알게 되기 직전입니다. 그렇다 보니 실패조차 설레죠. 물론 제 아이디어는 대부분 틀린 것이었습니다."

더 많은 것을 시도할수록 효과적이지 않은 것을 더 빨리 찾아서 솎아낼 수 있다. 그렇게 얻은 정보를 토대로 스스로를 갈고닦다 보면 결국 문제를 해결할 효과적인 해답을 얻게 되는 것이다.

더 나은 생각, 더 나은 결과

셰프인 레네 레제피(René Redzepi)는 파인 다이닝 세계의 지평을 끊임없이 넓혀온 인물이다. 극도의 제약이 혁신의 비결이라는 그의 신념 때문에 그가 운영하는 레스토랑에서는 북유럽에서 나는 재료만 사용한다. 그 지역에서는 재배 기간이 짧기 때문에 레제피의 팀은 음식 재료를 찾는 데 어려움이 많다.

레제피는 그가 이름 붙인 소위 '쓰레기(를 이용해 만든) 요리'로 잘 알려져 있다. 튀긴 생선 비늘, 양의 뇌, 말린 나무껍질, 전나무 잎 등 남들은 거들떠보지도 않을 기이한 재료들을 이용하는 방식이다. 그는 최고는 비정상 속에 숨겨져 있다고 말한다. 예를 들어 컬리플라워를 닭 굽듯이 굽거나, 당근을 소고기처럼 준비하거나, 오이로 디저트를 만들거나 하는 식이다. 흥미롭게도 사람들은 이런 개성을 좋아하고 그래서 더 그의 가게를 찾아온다고 한다. 물론 반응이 좋지 않은 아이디어들도 있었다. 1년 동안 레제피 셰프와 그의 팀은 거의 100개가 넘는 신규 레시피를 선보여 성공했지만 그보다 더 많은 수의 레시피는 실패해서 접어야 했다.

항상 효과가 있는 것은 창의적인 방식 그 자체다. 재료를 해체해 재조합하고 기술을 혼합하며 다른 사람이라면 생각지도 못할 아이디어를 서로 결합하는 것 말이다. 그 결과 《타임》에서는 레제피를 '음식의 신'으로 불렀고 미슐랭 스타를 무려 세 개나 받았으며 그가 코펜하겐에서 운영 중인 식당 '노마'는 세계 최고 식당의 영예를 네 번이나 차지했다. 그가 이토록 집요하게 혁신을 추구할 수 있었던 동력은 무엇일까? 레제피는 일기에 남긴 다음의 한 줄로 그 이유를 요약했다.

"창의성이란 삶에서 일어나는 크고 작은 특별한 순간을 저장하고, 그 순간들이 어떻게 연결되어 본인이 지금의 이 순간에 다다랐는지 알 수 있는 능력이다. 과거와 현재가 결합하는 순간 새로운 무언가가 일어난다."

진보는 결코 뻔한 정답이나 상식적인 관행에서 비롯되지 않는다. 정답이나 관행 역시 가치 있는 것은 분명하지만 이것은 지금 상황을 유지하거나 원래 범주로 회귀

하는 것이 목적이다. 효율성을 추구하는 것과 진정한 진보를 일구는 것은 매우 다른 문제다.

당신이 직면한 문제를 해결하기 위해서는 레제피가 말한 종류의 창의성이 필요하다. 과거 경험과 지금 처한 현실 간의 새로운 연결고리를 보는 능력 말이다. 그러기 위해서 지금의 생각, 관점, 그리고 상식을 뛰어넘는 뇌 속 새로운 신경 경로를 만들어낼 필요가 있다. 그리고 때에 따라 극단적이거나 불가능해 보이는, 아니면 완전히 정신 나간 것 같은 생각도 해볼 각오가 되어 있어야 한다. 이 과정을 시작하면 당신의 뇌도 새로운 아이디어를 만들어내기 시작할 것이다. 자동적이었던 기존의 사고방식이 더 강력하고 힘을 주는 이야기들로 대체될 것이다. 당신의 생각과 감정, 행동들이 그 과정에서 새로이 변할 것이다. 그러면서 전에는 미처 생각하지 못했던 결과를 당신의 삶과 인간관계 그리고 일에서 경험하게 될 것이다. 당신의 발목을 붙잡는 생각들은 제쳐두고 마음을 열어 삶의 진정한 변화를 끌어낼 새로운 경험과 아이디어를 탐구하라고, 그 어느 때보다 강력히 당신을 설득하고 싶다.

그런데 당신 스스로 바꿀 수 없는 생각과 관련된 한

계가 하나 있다. 당신의 뇌로는 도저히 만들어낼 수 없는 생각이다. 이런 생각에 접근하기 위해서는 그 생각을 할 수 있는 다른 누군가의 뇌로 들어가야 한다. 이에 당신이 직면한 문제를 해결하기 위해 다른 사람의 이야기를 활용하는 방법을 소개해 보려 한다.

피드백 없이는
발휘할 수 없는 초능력

1905년 독일 특허청에서 근무하던 알베르트 아인슈타인은 빛의 이동에 대한 새로운 이론을 선보였고 이 발견으로 노벨물리학상까지 받게 되었다. 같은 해 그는 특수상대성이론과 그 유명한 $E=mc^2$ 공식까지 발표했다. 그 시기 무명이었던 아인슈타인은 과학 역사상 가장 중요한 의미를 지니게 될 여러 논문을 몇 달 간격으로 발표하기도 했다. 불과 26세의 나이에 그는 20세기 가장 독보적이고 위대한 과학자의 길로 들어서고 있었다.

과학자 아인슈타인은 뉴턴, 다윈, 테슬라와 함께 몇

안 되는 대중문화 아이콘으로 자리매김했다. 1930년에는 그의 상대성이론에 대한 영화를 보기 위해 수천 명의 사람이 영화관에 몰리기도 했다. 1999년에 아인슈타인을 세기의 인물로 선정한《타임》은 그를 순수 지성의 표상으로 칭하면서, 오로지 생각만으로 우주가 보이는 게 전부가 아니라는 걸 발견한 천재 중의 천재라고 적었다. 그러나 아인슈타인의 엄청난 천재성과 돌파력 뒤에는 숨겨진 또 다른 이야기가 있다.

놀랍게도 말년의 아인슈타인은 대부분의 동료 과학자들에게 무시당했다. 한 동료 과학자는 그를 획기적이고 눈에 띄나 과학계를 이끌 만한 인물은 아니라고 평가했다. 아인슈타인은 과거의 업적으로 인정받았으나 새로운 시대의 관심과 호기심을 끌어내는 데에는 실패했다. 아인슈타인은 지인에게 쓴 편지에서 자신이 학계에서 석화되고 박제된 물건처럼 여겨지고 있다고 썼다. 그는 정체되어 있었다. 그가 더 이상 다른 이들의 말을 경청하지 않았기 때문이었다.

아인슈타인이 취리히에서 학부생으로 재학 중일 때 한 지도교수는 그의 가장 큰 단점이 남의 말을 듣지 않는 것이라고 했다. 그는 끝내 그 단점을 고치지 못했다.

아인슈타인의 자기 확신은 처음에는 자산이었으나 결국에는 그로 하여금 새로운 아이디어를 외면하게 했다. 양자역학 이론이 그가 세운 이론을 뛰어넘으면서 아인슈타인은 주류에서 밀려나기 시작했다. 그의 이야기는 아무리 천재여도 평생 혁신적 사고를 유지하기는 어렵다는 걸 보여준다. 직면해 있는 가장 시급한 문제들을 해결하기 위해 우리는 다른 사람의 생각을 활용하는 방법을 알아야 한다.

메건은 대중 연설을 잘하지 못하는 자신의 이야기를 써 내려가면서 아인슈타인의 사례를 연구했다. 솔직히 그녀는 할 수 있는 것은 다 해봤다. 이제 그녀에게 필요한 것은 사람들의 도움이었다. 그녀는 대중 연설이라는 난제를 극복하기 위해 앞에서 언급한 기술들을 사용하기 시작했다. 스스로 알고 있는 자신의 가능성을 세세하게 노트에 적고 긍정적인 문구를 써 내려가면서 자신의 이야기에 대한 주체성을 회복했다. 이후 몇 주 동안 매일 머리를 말리면서 이렇게 쓴 목록을 큰 소리로 읽었다. 그녀는 새로운 이야기를 말하면서 자신의 뇌를 다시 설계하고 있었다.

시작은 좋았지만 이것만으로는 부족했다. 그녀의 내

레이터는 대중 연설을 하려는 그녀를 도울 만큼 준비가 되어 있지 않았다. 무엇보다 수년간 대중 연설을 하지 말라고 막아왔던 존재가 바로 그 내레이터였다. 강연장을 꽉 채운 관중 앞에서 멋지게 프레젠테이션을 해낼 수 있다는 믿음을 갖게 해줄 현장 경험이 그녀에게는 없었다. 그녀의 새로운 정체성을 받아들인다고 해도 지식과 기술이 부족한 부분은 메꿀 수 없었다. 그녀에게는 대중 연설의 기술을 가르쳐줄 누군가가 필요했다.

그래서 그녀는 대중 연설 불안장애를 전문으로 다루는 치료사를 찾았다. 주치의와는 약물 치료에 대해서도 논의했다. 실제로 약을 먹지는 않았지만 불안이 어떤 식으로 나의 뇌에 작용하는지 원리를 이해하고 대처할 방법에 대해 알고 나니 한층 마음이 놓였다. 그다음에는 연설의 내용을 구성해 줄 콘텐츠 팀 전문가들을 만났다. 대중 연설을 하지 않겠다는 이유로 그간 도움을 청하지 못했던 이들이다. 처세 관련 코칭을 하고 있는 여동생 메리는 그녀가 마음을 가다듬고 자신을 가로막는 나쁜 생각들을 가능성이 꿈틀대는 이야기들로 바꿀 수 있도록 도움을 주었다. 마지막으로 앞에서 말했던 미국 내 대중 연설 코칭의 권위자이자 그녀의 절친이기도 한 미셸이 그녀가 생애 첫 기조연설을 무사히 마칠 수 있도록 이끌어 주었다. 이들은 하나의 팀이 되어 그녀를 도왔다.

앞에서 뇌가 이야기를 어떻게 만들어내는지에 관해 설명한 바 있다. 뇌는 우리가 경험을 통해 직접 알게 된 것이나 타인으로부터 받은 정보로 작동한다. 만약 직접 경험한 것이 충분하지 않다면 이제는 타인의 전문적 도움이 필요하다. 타인의 뇌 속에 있는 고유의 신경 연결고리의 도움을 받아야 하는 것이다. 이 과정은 내레이터가 더 나은 이야기를 상상하는 데 꼭 필요하다.

끊임없는 성장을 위해서

효과적인 리더십을 위해서는 외부에서 정보나 지식이 입력되어야 한다. 케네스 미켈센(Kenneth Mikkelsen)과 해럴드 자시(Harold Jarche)는 《하버드 비즈니스 리뷰》에 이렇게 썼다.

'리더는 지속적인 변화의 상태, 영속적인 베타 테스트 모드로 지내는 것에 익숙해져야 한다.'

최고의 리더는 수용적이고 배움에 열려 있는 자세를

유지함으로써 그 위치를 지킨다. 자신의 생각을 비판하기란 쉽지 않다. 우리는 모두 자신의 경험과 관점에만 의존하기 때문이다. 그러나 다른 이들은 내가 모르는 것을 알고 있다. 그들만의 고유한 경험과 지식은 내가 보지 못하는 것들을 보여준다. 그리고 그 차이를 통해 나의 성패가 좌우될 수 있다.

우리는 모두 다른 경험을 하며 살아가기 때문에 우리의 가정은 다양하고 가끔은 지나칠 정도로 서로 다를 수밖에 없다. 타인은 말 그대로 내가 절대로 떠올리지 못할 아이디어들을 만들어낼 수 있다. 그들이 가지고 있는 세계의 모형과 가능성이 나와는 다르기 때문이다. 다행인 것은 마치 보충 수업을 받는 느낌이라 여겨 경영 코칭에 소극적이었던 예전에 비해 현재는 분위기가 많이 바뀌었다는 점이다. 이제 리더들은 노사 갈등 관리, 팀 역량 구축, 위임 등 다양한 문제에 대해서 코칭을 통해 혜안을 얻으려 한다. 제대로 된 경영 코치나 컨설턴트, 상담 전문가들은 빠르고 정확하게 당신의 이야기에서 오류를 잡아낸다. 그리고 건전하고 전문적인 비판을 통해 당신의 성과를 향상해 줄 수 있다.

심리학자 안데르스 에릭슨(Anders Ericsson)이 연구한 스포츠, 음악, 체스 같은 훈련에서의 탁월한 성과들을 살펴보면 이 개념이 다시 한번 증명된다. 『1만 시간의 재발견』이라는 저서를 통해 에릭슨은 소위 '1만 시간의 법칙'이라는 개념을 대중화했는데, 이 법칙은 어떤 분야에서든 최고의 경지에 이르기 위해서는 1만 시간의 연습이 필요하다는 내용이다. 그러나 에릭슨의 법칙을 좀 더 정확히 해석하면 연습만으로 무조건 이런 결과를 낼 수 있는 것은 아니다. 잘못된 방향으로 1만 시간을 연습할 수도 있기 때문이다. 중요한 것은 연습의 방향이 제대로 잡혀 있어야 발전할 수 있다는 점이다. 코치로부터 제대로 피드백을 받은 운동선수와 뮤지션, 의사들은 자신의 실수를 교정해 오랜 시간 검증된 경험의 혜택을 누릴 수 있었다. 피드백이 없다면 성장은 더뎌지거나 심지어 완전히 멈추기도 한다.

리더는 자신의 자리에서 잘 해내기 위해 끊임없이 성장하고 발전해야 한다. 그러지 않으면 조직이 그의 성장을 앞지르거나 최악의 경우 성장하지 못하는 리더에게 발목 잡힌 조직이 정체되기도 한다. 팀이 계속 성장하기 위해서는 자신의 발전을 스스로 주도해 나가야 한다. 그러기 위해서는 외부의 도움이 필요하다. 책 초반에 마이클이 경영 코치인 일린에게 리더십에 대한 질문을 받았던 것처럼 말이다.

요즘에는 전문가의 도움을 받는다고 해서 돈을 내야 하는 것도 아니다. 인터넷과 크고 작은 공공 도서관 덕분에 우리는 역사상 가장 혁신적인 사상가들의 생각을 클릭 한 번으로 찾아볼 수 있다. 그러나 이렇게 지식을 쉽게 찾아볼 수 있는 상황이 흥미로운 모순을 만들어내기도 했다. 우리는 손가락만 까닥하면 그 어느 때보다 많은 정보를 찾아볼 수 있지만 동시에 세계를 바라보는 시각이 나와 같은 사람들과만 어울리게 되는, 점점 더 폐쇄적인 세상에 살고 있다.

갇힌 공간에서는 이야기를 제대로 분석할 수 없다. 나와 다른 시각을 가진 사람들, 세상에 관해 나와 다른 이야기를 하는 사람들이 만들어낸 책이나 기사, 팟캐스트, 미디어를 수용할 때 비로소 새로운 질문을 던질 기회가 생긴다. 물론 나의 이야기를 바꿀 수도 있고 유지할 수도 있다. 그러나 어느 경우든 좀 더 나은 정보에 기반해 자신의 가정을 체크하게 될 것이다.

병렬적 사고 기법의 비밀

벨 연구소(Bell Labs)는 수년간 세계에서 가장 왕성하게 과학 연구를 진행해 왔다. 통신사 AT&T의 연구개발 부문으로 시작되었던 이 연구소는 트랜지스터, 계산기, 장거리 자동전화 시스템, 광섬유, 레이저, 최초의 핸드폰 시스템 등 수많은 발명품을 양산해 냈다. 이 연구소의 엔지니어들이 이토록 생산적일 수 있었던 이유 중 하나는 실험실 공간이 180미터가 넘는 긴 중앙 복도를 사이에 두고 개방된 형태였기 때문이었다. 회사는 직원들이 아이디어를 자유롭게 나누도록 문을 열고 개방된 상태를 유지했다. 이 긴 복도에서 서로 다른 다양한 문제를 고민하고 있던 직원들은 매일 부딪치며 소통할 수 있었다. 수천 건의 자연스러운 대화들이 이루어졌는데, 아마 실험실 전체 공간보다 그 복도에서 발견된 해법이 더 많았을 것이다.

벨 연구소의 엔지니어들은 '병렬적 사고 기법(lateral thinking)'이라 불리는 방식을 활용했다. 병렬적 사고 기법은 당신이 고민하는 문제와 접점이 있거나 유사한 분야에서 쓰이는 사고방식을 참고하는 것이다. 병렬적 사고 기법은 구조화되지 않은 맥락에서 예를 들어 복도에서 생겨난 대화같이 서로 다른 기술과 지식, 경험을 가진 사람들이 자신이 직접 연관되지 않은 문제에 대해 의견을 공유할 때 자주 발생한다.

오랜 기간 콘퍼런스를 진행해 온 우리는 수년의 관찰을 거쳐 이런 행사에서 가장 상상력이 풍부하고 생산적인 소통은 '변두리'에서 이루어진다는 사실을 알 수 있었다. 기조 세션과 워크숍은 엄청난 양의 정보를 쏟아내는 유명 연사들로 채워진다. 그런 행사도 물론 흥미롭지만 진짜 소통은 휴식 시간에 일어난다. 참석자들이 커피 한 잔씩 하면서 서로 부담 없는 대화를 나눌 때 병렬적 사고를 할 수 있는 기회는 더 많이 생겨난다. 그리고 바로 이때 창의성의 불꽃이 튄다. 회사에서 진행하는 코칭 행사에 참석자 간 소통 시간을 반드시 넣는 이유도 이 때문이다. 참석자들은 이 즉흥적인 소통 시간에 많은 해법을 찾게 된다고 말한다. 만약 이런 소통의 기회가 없다면 당신 스스로 만들 수도 있다. 마이클의 경우 토머스넬슨 CEO로 있을 때 이런 기회를 실제로 만들어보기도 했다. 아이디어를 공유하고 새로운 아이디어를 만들어내기 위해서는 동료와의 소통이 반드시 필요하다고 생각했기 때문이다. 그 당시는 마스터마인드 그룹이나 동료 코칭 같은 개념이 등장하기 전이었다. 그는 내슈빌 지역에서 운영되는 상장 기업 세 곳의 CEO들과 분기별로 정기적인 모임을 갖기로 했다. 한 명이 모임의 주제가 될 아이디어나 내용에 대한 간단한 발표를 준비하면 그 내용을 가지고 심층적으로 토의하는 방식이었다. 이 모임에 가면 항상 참신한 아이디어를 가득 얻어 돌아올 수 있었고 이것은 정말 큰 도움이 되었다.

모든 사람의 상식은 다르다

'보이지 않는 뻔함(the invisible obvious)'이라는 용어는 심리학자 얀 스메드슬런드(Jan Smedslund)가 외부인에게는 명백하게 보이는 사실을 내부인들이 문화적 맥락에 매몰되어 보지 못하는 현상을 설명하기 위해 처음 고안한 개념이다. 우리가 소위 '상식'이라고 부르는 것들은 공통의 문화를 공유할 때만 성립된다. 다른 사람의 상식이 나의 상식과 다를 수 있는 이유다. 누군가를 소개받았을 때 상대방에게 미소 지으며 인사하고, 매일 샤워하며, 식당에서 식사한 후에는 계산하는 것이 우리에게는 상식이다. 그러나 다른 사람들도 그럴까? 문화권이 다르다면 이런 행동들이 의아하게 느껴질 수도 있다. 우리에게는 보이지 않는 것이 그들에게는 너무나도 명백히 보이는 것이다.

이런 문화적 사각지대는 모두가 가지고 있다. 그 문화가 국가 차원이든 인종 · 지역 · 회사 혹은 가족 차원이든 상관없다. 우리를 둘러싼 현실을 뛰어넘어 생각하는 것은커녕 그저 알아채기도 여간 어려운 일이 아니다. 이런 새로운 생각들을 접하기 위해서 우리는 상식이 우리와는 완전히 다른 사람들과 협업할 필요가 있다. 다양한 외부 정보가 필요한 셈이다. 사업적 측면에서도 이런 시도는 굉장히 필요하다. 장루이 바르수(Jean-Louis Barsoux), 시릴 부케(Cyril Bouquet), 마이클 웨이드(Michael Wade) 교수는 《MIT 슬론 매니지먼트 리뷰》에 공동 기고한 글을 통해 창의적 해법에 외부 관점이 얼마나 중요한지를 보여주는 몇 가지 사례를 소개하고 있다.

온라인 혁신 플랫폼인 '이노센티브'에 올라온 166개 문제 해결 공모전을 연구한 자료에서는 우승자가 주제 분야에 전문 지식이 없는 '예상 외의' 참가자인 경우가 많았다고 한다. 또 다른 연구에서는 인라인스케이트 선수들과 지붕 수리 전문가 그리고 목수들이 각각 무릎 보호대와 안전띠, 호흡 마스크를 어떻게 개선하는지 살펴보았다. 참가자 그룹에는 무릎 보호대를 잘 아는 스케이트 선수, 안전띠를 잘 아는 지붕 전문가, 마스크를 잘 아는 목수처럼 아이템별 전문가가 포진되어 있었지만 놀랍게도 최고의 개선책은 아이템을 잘 모르는 비전문가들로부터 나왔다. 바르수 교수와 그의 동료들은 별도로 진행한 크라우드소싱 연구에서 상대적으로 복잡하고 어려운 R&D 관련 문제에 대한 해법을 산업에 종사하지 않는 외부인들이 내부인들보다 더 잘 생각해 냈다면서, 위 실험에서 비전문가의 유리함을 다시금 확인할 수 있었다고 말했다.

좀 더 구체적인 사례도 있다. 선구적인 안과의사이자 발명가인 퍼트리샤 배스(Patricia Bath) 박사의 이야기를 해보겠다. 배스 박사에게는 인상적인 최초 타이틀이 많았는데 그중 하나가 '백내장 레이저 외과 수술 방법 의료계 특허를 취득한 최초의 미국 흑인 여성'이라는 타이틀이었다. 그러나 배스 박사는 업계에서 동료들의 지지나 격려를 거의 받지 못했다. 역설적으로 그녀의 업계 내부 종사자들은 그 발견의 가치를 제대로 보지 못했던 것이다. 배스 박사는 그럼에도 불구하고 연구를 이어갔고 안구 관리 분야에 혁명을 가져왔다. 그 과정에서 그녀는 결국 특허와 업계의 인정을 동시에 얻을 수 있었다. 바르수 교수와 동료들은 배스 박사의 기술이 여전히 전 세계에서 사용되고 있다고 적었다.

이런 종류의 연구와 이야기는 미시간대학 스콧 페이지(Scott Page) 교수가 말하는 소위 '다양성 보너스' 개념을 잘 드러내는 사례다. 오늘날 경제 문제들은 너무나 복잡해서 개인이나 한 가지 원리의 범주를 뛰어넘는다. 리더와 팀원들은 통합적 해법에 도달하기 위해 다양한 배경과 전문성 그리고 서로 다른 접점을 연결할 수 있는 능력까지 갖춰야 한다. 다양한 관점을 통해 혜안을 얻을 수 있는 좀 더 간단한 방법도 있다. 예를 들어 출신 배경이나 인종이 다른 지인에게 견해를 묻거나, 다른 직무나 전문직에 종사하는 동료 직원과 이야기를 나누거나, 본인 업무와 직접적인 연관이 없는 콘퍼런스에 참석하거나, 심지어 글로벌한 작가의 책을 읽어보는 것도 도움이 될 수 있다. 이 과정의 시작은 '이 문제에 관해 나와 다른 관점을 가질 만한 사람이 누구인가'를 묻는 것이다.

앞에서 언급했던 브레인스토밍 과정을 떠올려 보자. 시간에 쫓기다 보면 우리는 누구나 쉽게 동의할 만한 연관성 있는 아이디어들을 제시하게 된다. 그러나 이런 아이디어들은 주목할 만큼 탁월하지 않다. 특히 우리가 혁신을 추구하고 있다면 맞는 방향이 아니다. 진정한 마법은 주제에서 벗어난 전혀 예상 밖의 아이디어를 누군가 입 밖에 냈을 때 찾아온다. 그 아이디어는 최고일 수도 있고 최악일 수도 있다. 그러나 적어도 이 아이디어는 가볍든 심도 있든 토의와 토론을 촉발시킨다. 바로 이 순간부터 새롭고 색다른 아이디어들이 차오르기 시작한다. 결국 이 말도 안 되는 아이디어가 나오지 않았다면 절대로 다다르지 못했을 가능성을 만나게 되는 것이다.

이 모든 과정은 결코 쉽지 않다. 그러나 바로 그게 핵심이다. 당신이 현실을 보는 지금의 방식에 의문을 제기하는 것을 꺼린다면 새롭고 더 나은 아이디어를 도출해 낼 가능성은 작아진다. 혁신은 다양하고 심지어 서로 상충하는 견해들이 한데 모일 때 모습을 드러내기 때문이다.

성과는 결국 함께 만드는 것

널리 인용되는 옛말 중에 이런 것이 있다. '다른 사람의 실수에서 배워라. 그 모든 실수를 직접 저지를 만큼 우리가 오래 살 수는 없기 때문이다.' 마이클과 메건도 마찬가지였다. 다른 사람들과 함께 생각하는 방식은 그들의 일과 삶을 송두리째 바꿔놓았다. 다른 사람들과 의논하고, 그들의 조언을 수용하고, 고객과 강사 그리고 직원에 이르기까지 모두에게서 배우려는 자세가 없었다면 회사는 지금까지 올 수 없었을 것이다. 물론 그 영향력도 훨씬 작았을 것이다.

메건 또한 대중 연설에 대해 내레이터가 그녀에게 더 나은 이야기를 들려주도록 훈련하는 데 큰 도움을 받았다. 자기 안의 공포를 마주해야겠다고 느낀 후, 절친인 미셸에게 그런 내용을 담은 문자를 보낸 후, 그리고 팀원들이 그녀에게 기조연설을 요청한 후 몇 달 뒤 그녀는 무대에 올라 임무를 완수했다. 회사 행사인 콘퍼런스에서 메건은 강연장을 가득 채운 관중을 상대로 연설했다. 그녀는 무대에서 종횡무진으로 움직이며 확신에 차서 말했고, 프레젠테이션 슬라이드를 무사히 조작하고 적절

한 시점에 관중의 웃음까지 유도하며 임무를 완벽히 수행했다. 그간 열심히 대중 연설을 피한 것치고는 모든 것이 너무나 빈틈없이 완벽해서 돌이켜 생각하면 헛웃음이 날 지경이었다.

남편 조엘이 그녀가 전혀 긴장하지 않은 것처럼 보였다고 말해서 더욱 만족스러웠다. 대중 연설 전문가인 아버지 마이클도 자랑스럽다고 말하며 자신도 그렇게 잘할 수는 없었을 것이라고 했다. 그 말을 직접 들었을 때 메건의 기분은 정말 최고였다. 무엇보다 그녀의 이야기 때문에 자신들의 삶이 바뀌었다는 참석자들의 이메일과 문자는 정말 큰 힘이 되었다.

그 모든 일은 메건이 그저 노트에 '나는 대중 연설가다!'라고 적어만 놓았다면 결코 일어날 수 없는 일들이었다. 그 아이디어를 현실로 만들기 위해 그녀는 많은 이들의 지식과 전문성을 활용해야만 했다. 만약 당신이 지금 머릿속에 있는 것들만 생각하고 싶다면 도출될 결과 역시 당신이 이미 알고 해본 것일 수밖에 없다.

당신이 스스로 문제를 해결할 수 없다고 말하는 것이 아니다. 사실 생각은 인간이 가진 일종의 초능력이다. 깨어 있는 동안이든 잠자는 중이든 당신의 뇌는 문제를 해결하느라 바쁘다. 이 장에서 내내 설명한 대로 당신이 당신처럼 초능력을 지닌 다른 이들과 함께한다면 결과는 언제나 지금보다 더 좋을 것이라는 뜻이다. 이제부터는 당신의 초능력을 지금보다 더 강력하게 만드는 초마인드 전략을 소개해보려 한다.

뇌를 자유롭게 하라

프레젠테이션 스크립트를 쓰던 마이클은 마땅한 단어가 쉽게 떠오르지 않아 머리를 쥐어뜯고 있었다. 여러 개의 초안을 써 보았지만 전부 마음에 들지 않았다. 기분 좋게 내용이 맞아떨어지는 것이 없었다. 그는 그 사실을 인정하고 싶지 않았고, 11시쯤에 다시 초안을 써보기 시작했다. 초조해 보였는지 아내 게일이 무슨 글을 쓰고 있는지 물어왔다. 그는 내일 회의를 위한 프레젠테이션 자료인데 아침 10시까지는 무조건 끝내야 한다고 답했다. 그러자 게일이 따듯하지만 단호한 어조로 말했다.

"마이클, 일단 잠부터 자요. 내일 아침이 되면 다 해결될 거예요."

딱히 믿음이 가지는 않았지만 그날 밤 뭘 더 쓴다고 해서 내용이 완성될 것 같지도 않았다. 그래서 마이클은 컴퓨터를 끄고 잠자리에 들었다. 다음 날 새벽 6시 노트북을 켠 그는 아내의 말이 맞았음을 깨달았다. 이런저런 아이디어들이 넘쳐나기 시작했다. 20분 만에 나머지 프레젠테이션 내용을 술술 써 내려갈 수 있었다.

놀랍게도 이런 일은 꽤 흔하다. 아마 당신도 이런 경험을 한 적이 있을 것이다. 상상력에 기반한 사고는 고통스러울 정도로 느리면서 또 절망스러운 과정이다. 가끔은 문제에 집착할수록 해결책을 찾기가 어려워지는 느낌도 든다. 그러다가 산책을 하거나 간단히 간식을 먹거나 잠을 자고 났을 때 나를 피해 다니던 답이 어느새 눈앞에 나타나 있는 것을 확인할 때가 있다. 왜 이런 일은 이렇게 자주 일어나는 것일까? 어떻게 하면 이 과정이 원하는 시점에 더 자주 일어나도록 만들 수 있을까?

『과학 혁명의 구조』의 저자이자 과학철학자인 토머스 쿤도 자신의 이런 경험을 설명한다. 아리스토텔레스의 물리학 관련 책을 읽던 쿤은 우주에 관해 인류가 알고 있는 지식의 토대가 되는 아리스토텔레스의 저서가 논리적 오류로 점철되어 있다는 사실에 놀랐다. 이 아이디어들을 어떻게 논리적으로 끼워 맞출지 고민하던 쿤은 그때의 경험을 이렇게 설명했다.

"앞에 아리스토텔레스의 책 『자연학』을 펼쳐놓고 한 손에는 4색 펜을 쥔 채 계속 고민했다. 그러다 고개를 들어 멍하니 창밖을 바라보았는데 그 순간 눈에 들어온 이미지가 지금도 선명하다. 그때 갑자기 내 머릿속 파편들이 스스로 새로운 길을 찾더니 잘 어우러진 형상으로 나타났던 것이다!"

이 묘사는 뇌가 생각을 새로이 만드는 모습을 묘사하는 강력한 이미지다. 그것은 여전히 같은 모습의 기존 개념이었지만 쿤의 무의식이 이들을 새로운 방식으로 다시 엮은 것이다. 비록 겉으로는 놀고 있는 것처럼 보였어도 그의 뇌는 새로운 연결고리를 계속 만들고 있었던 셈이다. 그러다 보니 마치 어디선가 갑자기 해결책이 튀어나온 것처럼 '유레카!'의 순간이 도래한 것이다. 사실 뇌는 그 통찰력을 위해 오랜 시간 기반을 닦아왔다.

이렇듯 이야기를 상상하거나 재설계할 때 우리가 무에서 유로 완전히 새로운 것을 창조해 내는 것은 아니다. 대부분 우리가 이미 알고 있는 개념과 맥락 사이에서 새로운 관계를 찾아내는 과정일 뿐이다. 부자키 박사는 우리가 새로운 것에 직면할 때 뇌가 그 새로운 무언가를 기존의 신경 경로인 생각이나 이야기에 맞추려 한다고 설명했다. 필요하다면 기존 구조에 연결고리를 더하거나 삭제해서 상황을 납득하려고 노력한다는 거다. 엘코넌 골드버그 역시 새로운 아이디어나 해결책, 예술 형식은 완전히 무에서 창조되는 것이 아니라 이미 형성된 기존의 아이디어나 해결책이 새로이 구성되면서 나타나는 것이 대부분이라고 말했다.

머릿속 아이디어가 뇌 속 뉴런의 특별한 구성으로 만들어진다고 했던 말을 기억하는가? 각각의 아이디어는 특정한 구성이나 형태를 취한다. 새로운 생각은 필연적으로 연결고리를 재구성하거나 새롭게 만들어낸다. 당신이 이미 갖고 있던 아이디어와 경험 간에 새 연결고리를 만들어냄으로써 새로운 생각에 다다르게 되는 것이다. 적극적으로 문제를 해결할 때 우리는 뇌의 전전두엽피질에 크게 의존하게 된다. 이 부분은 우리가 의식적 생각을 할 때 사용하는 곳으로, 재구성에 매우 탁월해 정보들을 다시 구성해 새로운 무언가를 창조해 낸다. 마치 집을 만드는 데 사용한 레고 블록을 다시 사용해 비행기를 만드는 식이다.

뇌에는 이보다 훨씬 더 많은 비밀이 숨겨져 있다. 당신이 의식하지 못해도 뇌는 이 재구성을 위한 분류 작업을 수행할 수 있다. 특히 문제에 봉착했을 때 기존 생각의 틀을 벗어나려면 의식적 사고 밖에서 주로 기능하는 방대한 뉴런의 도움을 받아야 한다.

때때로 전략적 휴식을 취하라

우리는 보통 뇌의 지력을 어떤 아이디어나 문제에 대해 강도 높게 집중해서 생각하는 능력쯤으로 알고 있다. 그러나 당신의 뇌는 무의식 단계에서도 일하고 있다. 무의식적 사고는 의식적 사고에는 쓰이지 않는 광대한 망의 시냅스를 활용하기 때문에 종종 의식적 뇌가 파악하지 못하는 돌파구를 마련해 주곤 한다.

우리의 의식적 생각이 토끼처럼 빠르고 계획적이지만 금방 지친다고 한다면 무의식적 생각은 마치 거북이처럼 느리지만 꾸준히 앞으로 나아간다. 과학자들은 뇌 속에 많은 구조체가 있으며 이들 구조체가 기존에 알려진 것보다 훨씬 더 많은 일을 하고 있다는 것을 알아냈다. 예를 들어 어떤 문제에 대해 생각할 때 좌뇌는 좀 더 연관성 있는 해결책을 끌어내 누가 봐도 명백한 연결고리를 만들어낸다. 반면 우뇌는 좀 더 참신한 해결책을 모색한다. 정확히 말해 오른쪽 귀 위쪽에 있는 작은 뇌 조직인 위관자이랑(superior temporal gyrus)에서 신경 활동이 활발해지면서 참신한 해결책들이 떠오르게 된다(시험 볼 일 없으니 외우지는 않아도 된다). 좌뇌가 분석적 사고에 적합하다면 우뇌는 좀 더 혁신적인 사고를 하며 자유로이 움직인다고 볼 수 있다. 그러나 현실에서 이 두 가지 다른 생각의 방식은 뇌의 위치보다는 신경망이나 모드와 더 연관이 깊다.

당신의 뇌에는 뉴런과 관련된 두 가지 망(또는 모드)이 있다. '수행망(executive network)'은 의식적 자아의 통제를 받는다. 이 망에서는 당신이 이야기하고 지시하는 것과 관련된 활동이 이루어진다. 이 망은 좌뇌로부터 상명하달 방식의 지배를 받으며 분석과 질서, 익숙한 패턴과 예측 가능한 것을 좋아한다. 반면 '기본망(default network)'은 스스로 움직인다. 이 망은 아래에서 위로 올라가는 방식으로 우뇌의 지배를 받고 참신함과 창의성을 좋아하며 주로 무의식 세계에서 활동한다. 물론 이 두 가지가 완전히 분리된 것은 아니다. 그저 한 뇌에 서로 다른 방식으로 움직이는 두 개의 다른 신경망이 존재할 뿐이다.

문제에 대한 창의적인 해결책을 찾기 위해서 당신은 둘 중 기본망과 관련된 뇌의 활동을 촉진할 필요가 있다. 소위 불이 늦게 붙는 뉴런들의 방대한 네트워크인 기본망은 적응력이 뛰어나다. 새로운 사고의 연결고리를 제공하기 위해 끊임없이 재구성된다. 의식적 사고를 사용하는 것보다 물론 시간은 더 걸리겠지만 효과는 훨씬 좋을 것이다.

레오나르도 다빈치가 작품 〈최후의 만찬〉을 그릴 당시 느닷없이 작업을 그만두기로 유명했다고 한다. 그는 가끔 한나절 동안 아무것도 하지 않으면서 자신만의 생각에 빠져들기도 했다. 다빈치의 후견인에게 이 소식이 달가울 리 없었다. 후견인은 다빈치가 마치 정원사처럼 항상 그림 도구를 손에 들고 작품에 몰두해 주기를 바랐다. 그러나 다빈치는 그를 설득했다. 르네상스 시대 역사가인 조르조 바사리(Giorgio Vasari)는 다빈치가 이렇게 후견인을 설득했다고 말했다.

"위대한 천재는 때로 작업을 덜 해야 더 많은 것을 성취할 수 있습니다. 왜냐하면 천재들은 머릿속의 새로운 혁신을 찾아 헤매고 그렇게 자신들의 지력으로 떠올린 것을 직접 손으로 표현하고 재생산하면서 아이디어들을 완벽하게 만들어 가기 때문입니다."

한마디로 일을 안 하는 것이 일하는 것이라는 의미다. 어떻게 그럴 수 있을까? 바사리가 인용한 대로 '새로운 혁신을 찾아 헤매고 아이디어를 완벽히 만들어가기' 때문이다. 다빈치는 손에 붓을 쥐고 자신이 전에 상상한 것들을 표현해 냈다. 그러나 그러기 위해서는 먼저 상상을 할 수 있어야 한다. 그래서 그는 캔버스에서 한 발짝 물러나 자유로이 상상의 나래를 펼친 채로 형상과 색깔이 가득한 자신의 머릿속 보고를 뒤지고 있었던 것이다.

의식적 사고를 하려는 노력은 다빈치의 작업에 방해가 되었다. 그가 갑자기 일을 멈추게 만들기도 했다. 다빈치가 가끔은 공상에 잠기고 삼천포에 빠지기도 했기 때문에 그의 무의식은 계속 자유롭게 활동할 수 있었던 것이다. 수 시간이 걸릴 때도 있었지만, 적당한 아이디어가 떠오르기 전까지 다빈치는 작업에 다시 착수하지 않았다. 이 이야기에서 우리가 꼭 알아야 할 점은 적어도 다빈치 뇌의 일부분은 항상 일하고 있었다는 것이다.

뇌 속 기본망은 앞에서 언급했던 작은 '다이몬'들을 고용한다. 내레이터와 마찬가지로 이 다이몬들도 당신이 먹고 자고 씻는 동안 당신의 경험과 기억, 이야기, 개념, 연결고리 등을 샅샅이 뒤진다. 별다른 의식 없이 이어가는 일상 중에 당신의 무의식이 머릿속 깊숙이 박혀 있는 방대한 생각의 데이터베이스를 꼬리에 꼬리를 물고 검색해 가고 있다. 하나의 연결고리를 시도해 보고 안 되면 또 다른 것, 안 되면 또 다른 것을 계속 시도하면서 당신의 현실을 좀 더 잘 이해할 수 있는 가장 적합한 연결고리를 찾아낸다. 그러다가 '유레카!'를 외치며 찾아낸 그 연결고리를 의식의 세계로 던져 올린다. 우연처럼 보이는 이런 새로운 혜안들은 강도 높은 집중이나 창의적 재능의 산물이 아니다. 물론 행운 때문도 아니다. 상상력 풍부한 통찰력은 당신의 무의식에 제대로 생각할 기회가 주어질 때 만들어지는 것이다.

뇌의 온오프를 반복하라

뇌의 수행망과 기본망은 같은 시간대에 움직이지 않는다. 이 둘은 마치 시소를 타듯이 교대로 움직인다. 당신이 어떤 프로젝트 작업에 열심이라면 수행망이 움직이고 업무에서 벗어나면 기본망이 당신을 지배하는 식이다. 신경과학자인 낸시 쿠버 앤드리선(Nancy Coover Andreasen)은 뇌가 휴식 중이라는 것은 사실 생각을 이리저리 굴려보고 있다는 의미라고 보면 된다고 말했다. 또 인간의 연합피질은 항상 움직이고 있으며, 특정 업무에 집중할 때보다 운전 같은 활동을 할 때 더 활발하다고 한다. 당신의 뇌가 '백그라운드' 작업에 들어간 것이다. 깨달음의 순간은 보통 이 두 신경망 사이의 상호작용이 끌어낸 시너지인 경우가 대부분이다. 그래서 창의성을 높이기 위해서는 이 서로 다른 두 가지 모드를 자유자재로 오갈 수 있어야 한다. 문제에 집중했다가 휴식했다가 하는 과정을 반복할 수 있어야 한다는 의미다.

이 방법이 효과적인 이유를 설명해 보겠다. 당신이 어떤 문제에 관해 적극적으로 고민할 때 당신의 머릿속 수행망은 생각해 볼 만한 연관 개념들을 소환할 것이다.

그러다가 기본망 모드로 바뀌게 되어도 당신의 뇌는 작업을 이어간다. 여기서 명심해야 할 점은 당신의 뇌 속 뉴런의 연결고리들이 보여주는 이 개념들이 기본망 모드에서는 다른 신경망에 존재한다는 것이다. 즉 당신의 뇌가 동일한 일련의 정보를 연결할 때 서로 다른 신경 경로를 이용한다는 것이다.

수행망은 마치 차들이 빠르게 움직이고 있는 고속도로 같다. A 지점에서 B 지점에 도착하는 가장 빠른 방법인 것이다. 70번 고속도로를 통해 목적지로 향하고 있다고 해보자. 만약 차가 막히거나 도로가 폐쇄되어 있다면 어떻게 될까? 이 고속도로를 이용해서 A에서 B로 갈 수 없다면 어떻게 될까? B로 이어지는 길에는 38번 국도 같은 다른 옵션들이 존재하기 때문에 전혀 문제가 없다. 이것이 바로 기본망이다. 기본망 모드는 수행망의 일방통행 스타일 사고방식에서 벗어나 의식적으로는 절대 떠올릴 수 없는 아주 다양한 해결책을 탐색한다. 시간은 좀 걸릴 수 있지만 충분한 시간과 공간만 주어진다면 거의 항상 돌파구를 만들어낸다. 이 과정을 좀 더 단축할 수 있을까? 가능할 때도 있다. 효과적인 문제 해결을 위해서 수행망에서 강도 높은 집중의 시간을 가졌을 때 기본망은 가장 효과적으로 작동한다. 이유는 간단하다. 무엇을 찾는지 정확히 알아야 더 많은 해결책을 알아볼 수 있는 것이다. 의식적 사고방식이 집중할 대상을 좁혀 기본망이 좋은 환경에서 작업을 시작할 수 있게 도와주는 것이다.

이 방식은 온라인 검색과도 비슷하다. 인터넷 초창기 시절 검색은 서류 캐비닛 안을 들춰 보는 것과 같았다. 예를 들어 1990년대 중반의 야후를 떠올려 보자. 무언가를 검색하려고 하면 긴 카테고리 목록을 일일이 선택하고 또 선택해야만 했다. 아주 번거롭고 지루한 과정이었다. 다음 세대 검색 엔진은 키워드에 기반했다. 검색창에 입력한 키워드가 들어간 웹페이지를 인터넷이 모두 찾아서 보여주는 식이었다. 검색창에 '복서(Boxer)'를 검색하면 남성 속옷부터 무하마드 알리까지 떴다. 여기서는 연관성이 핵심이었다. 가장 유용한 웹페이지, 나의 검색어에 가장 직접적으로 연관된 웹페이지를 어떻게 찾을 수 있을까?

바로 이 시점에 스탠퍼드대학교 대학원생인 래리 페이지(Larry Page)와 세르게이 브린(Sergey Brin)이 등장한다. 지도교수의 조언에 따라 래리 페이지는 인터넷상의 백링크에 관해 연구해 보기로 했다. 백링크란 한 페이지에서 다른 특정 페이지로 넘어가는 링크를 말한다. 페이지와 브린은 웹페이지의 링크들이 논문에 있는 연구 내용을 재인용하는 방식과 유사하다는 점을 알게 되었다. 다른 학자들이 당신의 논문을 자주 인용할수록 그 중요도나 연관성이 더 높아진다는 의미다. 바로 이 점이 업계의 판도를 바꾼 통찰이었다. 백링크에 기반해 검색 페이지들의 순위를 매기는 방식은 키워드에만 의존하는 것에 비해 훨씬 신뢰할 만한 검색 방식이었다. 이로써 '백럽(BackRub)'이라고 하는 검색 알고리즘이 탄생했고 이는 추후 구글이 되었다.

페이지와 브린이 보여준 성공적인 돌파구는 우리가 지난 장에서 다룬 창의적 사고를 보여주는 가장 강력한 사례라고 할 수 있다. 동시에 뇌가 늘 무슨 일을 하고 있는지 보여주는 사례이기도 하다. 바사리의 표현에 따르면 뇌는 '참신한 혁신을 찾아 헤매는 중'인 것이다.

고민 중인 아이디어나 문제에 대해서 일정 시간 동안 깊이 생각하는 것은 우리의 기본망이 작업하는 방식을 새롭게 바꾸는 데 도움을 준다. 이 의식적인 수행망 활동이 기본망 모드의 백링크와 같은 것이다. 이 의식적 생각들은 당신의 기본망이 좀 더 연관성 있는 연결고리들을 찾도록 유도해 검색의 성공률을 높일 것이다. 문제를 창의적으로 해결하려면 일단 문제에 대해 심도 있게 고민하다가 잠시 생각을 멈추자. 뇌를 기본망 모드로 바꾸고 스스로 작동하도록 내버려 두는 것이다. 장기적으로 성과를 극대화하기 위해서는 주기적으로 운동과 휴식을 병행해야 한다는 걸 기억해야 한다.

뇌를 최적화하는 것

2009년에 미국의 5학년에서 9학년 사이 학생들 1271명을 대상으로 규칙적인 운동이 학습에 미치는 영향을 파악하는 연구가 진행되었다. 연구진은 일주일에 네 시간 이상 운동하는 학생들이 그렇지 않은 학생들에 비해 시험 점수가 현저히 높은 것을 발견했다. 당신도 짧은 산책이나 땀나는 운동 후에 문제 해결 능력 혹은 기억력이 향상되는 경험을 한 적이 있을 것이다.

도대체 왜일까? 답은 뇌 화학에 있다. 뇌 속 시냅스는 전기적 성질과 화학적 성질을 둘 다 갖고 있다. 각 시냅스는 전류를 받아 화학물질로 만든 후 다시 전류로 바꾼다. 이때 만들어지는 화학물질이 바로 '신경전달물질'로 몸 안에서 이른바 메신저 역할을 한다. 이 화학물질은 신경세포 간에 혹은 다른 종류의 세포로 전기적 신호를 이동시키는 역할을 한다. 그리고 운동은 세로토닌과 노르에피네프린, 엔돌핀, 이 세 가지 신경전달물질의 생성을 촉진한다. 근육운동 역시 우리 혈류를 타고 뇌까지 전달되는 단백질 생성을 돕는데, 정신의학 교수 존 레이티(John Ratey)에 따르면 이 단백질은 고도의 사고 과정에 중추적인 역할을 한다고 한다. 한마디로 운동이 당신의 뇌 활동을 아주 적극적으로 돕는다는 것이다.

여기서 끝이 아니다. 스트레스는 뇌에 부정적인 영향을 미친다. 신경세포 간 연결고리를 약화시키고 심한 경우 뇌의 일정 부분을 위축시킬 수도 있다고 한다. 그래서 한 문제에 오래 골몰했는데도 문제를 해결하지 못하는 자신의 모습에 스트레스를 받다 보면 '뇌가 멈춘 듯 머리가 멍해지는' 느낌을 받게 되는 것이다. 레이티 교수에 따르면 뇌는 근육과 마찬가지로 쓸수록 성장하고 쓰지 않으면 도태된다. 그리고 운동은 이런 뇌의 기능을 향상시키고 뇌세포 성장을 돕는 주요 화학물질을 만들어낸다. 실제로 레이티 교수는 뇌 유래 신경 영양 인자(brain-derived neurotrophic factor, BDNF)라 불리는 화학물질을 뇌의 '양분'이라고 칭하면서 이 인자가 학습을 가능케 하고 새로운 뇌세포의 성장을 돕는다고 설명했다. 이 인자는 시냅스 근처 저장소에 머물다가 운동을 하면 분비된다.

모든 설명을 종합해 볼 때 뇌는 운동 전보다는 확실히 운동 후에 더 활발히 제 기능을 한다. 잠깐 자전거를 타거나 웨이트 트레이닝을 한 후 머리에 새로운 아이디어가 샘솟는 듯한 느낌이 드는 것은 절대 우연이 아니다. 당연한 말이지만 당신의 뇌와 신체는 아주 긴밀히 연결되어 있다. 신체가 최상의 수준으로 작동해야 뇌도 그렇게 작동할 수 있다. 뇌를 활성화하려면 결국 신체를 활성화해야 한다. 수많은 연구 결과가 보여주듯이 꾸준히 운동하다 보면 새로운 개념을 익히고 정보를 기억하고 문제를 해결하는 능력에 놀라운 변화가 생길 것이다. 다빈치처럼 문제에서 한 발짝 물러서 보자. 산책으로 잠시 머리를 식혀 제대로 충전한 뒤 뇌의 기본망에 문제를 맡겨보는 편이 나은 선택일 수 있다. 문제에 좀 더 편안하고 가벼운 자세로 접근하는 것은 무의식적 사고에도 도움이 될 수 있다. 휴식과 놀이는 문제 해결에 비생산적인 활동이 절대 아니다.

잠자는 것 역시 중요하다. 연구에 따르면 수면이 인지 능력, 특히 학습과 기억 능력에 직접적인 영향을 미치는 것으로 나타났다. 신경과학자 매슈 워커(Mathew Walker)에 따르면 인간이 자고 있을 때도 기본망은 여전히 왕성하게 활동한다. 특히 잠에서 깰 때쯤 꿈을 꾸게 되는 렘수면 시 더욱 활발한 것으로 나타났다. 당신의 뇌는 기억을 분류하고 가공하고 이해하느라 언제나 바쁘게 움직이고 있다.

당연한 이야기지만 수면이 부족하면 여러 가지 부작용이 발생한다. 머리가 멍해지는 브레인 포그(Brain fog) 현상을 비롯해 판단력이 흐려지고 기억력이 저하된다. 전문가들은 신체와 뇌가 최상의 컨디션을 유지하기 위해서는 매일 최소 일곱 시간 정도 자는 것이 적당하다고 말한다.

마찬가지로 낮잠도 기본망 모드를 활성화한다고 알려져 있다. 마이클 역시 수년간 낮잠을 권장하고 있다. 점심 식사 후 20~30분 눈을 붙이는 것은 생각을 날카롭고 명료하게 유지하는 데 도움이 된다. 그의 프레젠테이션 준비가 하룻밤 푹 자고 나니 술술 풀린 이유도 같은 맥락이다. 마이클과 마이클의 내레이터가 결국 포기하고 잠이 들었을 때 비로소 기본망이 활성화된 것이다. 취미활동을 하거나 잠을 자거나 아니면 그저 잠시 다른 생각을 하는 등 기본망을 활성화하는 것이 당신의 하루 중 가장 생산적인 활동이 될 수도 있다.

모든 방랑자가 길을 잃는 것은 아니다

메건과 남편 조엘은 얼마 전 미네소타 로체스터에 다녀왔다. 원래 비행기로 이동하려 했지만 일정을 잡는 데 문제가 있음을 뒤늦게 인지하고 차로 이동하기로 했다. 조엘이 운전을 워낙 좋아해 트럭을 타고 가자고 먼저 제안했다. 메건은 별로 내키지 않았지만 선택지가 없었다. 그렇게 자동차 여행이 시작되었다. 여행의 왕복 이동 시간이 거의 24시간이 걸리다 보니 생각하고 대화할 시간은 충분했다. 차야 GPS를 따라 움직이니 경로를 벗어날 일이 없었지만 그들의 대화에는 정해진 경로가 없었다. 그들의 대화는 휴가 계획, 아이 양육, 회사

일을 넘나들다가 다시 아이 양육으로 넘어갔고, 또다시 책과 친구, 음악 이야기를 하다가 마지막으로 여행 떠나기 전까지 작업 중이던 새 제품 디자인에까지 다다랐다. 집에 돌아올 때쯤에는 제품에 들어갈 주요 기능이 웬만큼 정해졌고, 이후 팀원들의 도움을 받아 몇 주 뒤에 제품을 출시했다.

어떻게 그들의 대화는 "와, 여기 옥수수밭 진짜 크다!"에서 시작해서 "다음 분기에는 제품 출시할 수 있겠다"로 마무리될 수 있었을까? 흐름은 전혀 없었다. 다만 공통점이 하나 있었다. 마치 길게 늘어선 디딤돌처럼 구불구불 이어진 그들의 모든 대화는 그들이 아이디어를 성공시킬 수 있게끔 해주는 발견에 한 발짝 더 가까이 다가가도록 유도했다. 운전하다가 갑자기 제품 출시 아이디어로 넘어간 것이 아니라 일련의 작은 발자국들이 있었던 것이다. 솔직히 조엘이 '지금부터 여덟 시간 동안 그냥 일 이야기를 해보자'라고 했다면 절대로 이런 대화의 결과를 맞이할 수 없었을 것이다. 그러나 한 번에 하나씩 작은 발걸음을 떼면서 그들은 아주 신선하고 가슴 설레는 새로운 아이디어에 다다를 수 있었다.

이것이 문제 해결 과정의 일반적인 모습이다. 특히

기본망이 활성화되었을 때는 더더욱 그러하다. 서로 가까이 위치한 연결고리들이 위대한 발견으로 향하는 디딤돌이 기꺼이 되어 준다. 기자 스티브 존슨이 과학자 스튜어트 카우프만(Stuart Kauffman)의 말을 빌려 언급한 '인접 가능성(adjacent possible)'이 바로 이 개념이다. 한 아이디어에서 연관성 없는 아이디어로 뛰어넘는 비약은 사실상 잘 일어나지 않는다. 대신 우리가 이미 맞다고 결론지은 것들에 인접한 가능성들을 머릿속에서 굴려보면서 조금씩 위대한 발견으로 나아갈 뿐이다. 존슨은 이 인접 가능성이 기묘하면서도 아름다운 이유가 가능성 사이의 경계를 탐구하면 탐구할수록 그 경계가 확장된다는 점에 있다고 설명한다. 각각의 새로운 조합이 인접 가능성으로 나아갈 수 있는 새로운 조합을 또 낳는 것이다. 그래서 틀린 답마저도 가끔은 효과적인 해답으로 변해 우리를 한 걸음 더 다가가게 해주는 디딤돌이 된다. 당신의 뇌 속 기본망은 이렇게 목적을 지닌 채 두서없는 여정을 떠나기에 최적화되어 있다. 생각이 산으로 가는 것이 한가로움을 뜻하는 것은 아니다. 진정한 창의적 해결책으로 다가가기 위해서는 직접적으로 문제에 대해 논의하기보다 약간은 비켜서서 어느 정도 두서없는 대화를 차근차근 이어가는 과정이 필요하다.

새로운 연결고리를 잇는 것은 대체로 무의식 세계에서 일어나는 과정이다. 그러나 이 발견 과정 자체를 서두를 수는 없다. 이야기를 다시 상상하는 과정은 인내심을 요한다. 그 과정이 365일 내내 당신의 뇌에서 주(主)일 필요는 없다. 다빈치가 작업 도구를 내려놓고 쉬면서도 여전히 성과를 낼 수 있었던 것 역시 그의 뇌가 의식하지 못하는 동안에도 계속 활동하고 있었기 때문이다. 당신은 이미 거의 모든 개념을 알고 있다. 당신이 이해하려고 하는 경험과 아이디어들이 바로 그것이다. 맥락상 가능한 변수도 알고 있다. 문제 제기와 분석 단계에서 이 모든 과정이 이루어졌다. 이제 같은 정보로 새로운 조합을 만들고 새로운 의미를 끌어내기 위해 노력해야 한다. 이것은 분류의 문제다. 그리고 분류하고 재조합하는 과정에서 돌파구를 발견하기 위해 가끔은 한 걸음 물러서서 생각이 자유로이 흐르도록 내버려 두어야 한다.

살면서 무언가 우연히 발견했던 경험이 있지 않은가. 질 좋은 수면이나 샤워, 공원 산책 같은 것이 창의적인 통찰력에 불을 지피기 위한 점화 장치였을 수 있다. 이제 당신 뇌의 방대한 기본망과 그 작동 원리에 대해서 배웠으니 이 무의식 세계를 당신의 문제 해결에 도움이 될 지원군으로 만들 수 있어야 한다. 그 과정에서 '유레카!'와 같은 깨달음의 순간을 훨씬 더 반복적으로, 예상 가능한 시점에 경험할 수 있게 될 것이다. 이것은 단순히 행운이나 기적이 아니다. 당신의 뇌가 작동하는 아주 단순한 원리다. 그러니 자주 휴식을 취하면서 뇌가 가장 잘하는 활동, 바로 자유로운 여행을 하도록 내버려 두자.

초마인드, 뇌는 언제나 우리 편이다

르네 뱅글스도르프(René Banglesdorf)는 어릴 때 아버지로부터 삶의 원동력이 된 한마디를 들었다.

"르네, 너는 마음만 먹으면 무엇이든 할 수 있단다."

르네는 이 말을 오랫동안 믿었다. 그녀는 좋은 성적을 유지했고 학교에서 인기도 많았다. 고등학교, 대학교 시절 내내 르네는 뛰어난 우등생이었다. 그로부터 20년이라는 세월이 쏜살같이 지나갔다. 생각지도 못한 임신을 하면서 르네는 학교를 중퇴하고 가족을 꾸렸다. 남편인 커트는 개인 전용기 판매 브로커로 일했는데, 남편이 사업 관련 마케팅을 도와달라고 부탁하면서 그녀는 다시 직장 생활을 시작했다. 몇 년 뒤 부부는 동등한 파트너 관계로 그들만의 회사를 세웠다. 회사를 브랜딩하고 고객에게 회사의 제품과 서비스를 소개하며 새로운 잠재 고객을 파악하는 그녀의 능력은 눈에 보이는 성과로 이어졌다. 머지않아 르네는 업계의 유명 인사가 되었다.

그러나 그녀는 남성들이 지배하는 이 업계에서 자신이 여성이라는 점을 의식하지 않을 수 없었다. 남성 동료들과 어울리고 어찌 보면 대단히 불쾌할 수 있는 그들의 말에 크게 동요하지 않는 모습을 보여야 했다. 무엇을 하든 성공할 수 있다고 믿었던 작은 소녀는 아주 능력 있는 여성으로 성장했지만 여전히 대학교를 중퇴한, 남성 중심 업계의 비주류라는 자신에 대한 인식을 지우기 힘들었다.

그러던 중 변화가 일어났다. 런던에서 열린 업계 콘퍼런스에 참석해 남편의 친구들인 남자 동료 몇 명과 멀찌감치서 행사를 지켜보던 르네에게 불현듯 이런 생각이 스쳤다.

'도대체 내가 왜 중심도 아닌 변방에 이렇게 서 있는 거지? 난 이 남성 집단에 속한 사람도 아니잖아.'

그 순간의 통찰력이 자신의 위치에 대한 르네의 가

정을 재고하게 만드는 기폭제가 되었다. 르네는 다른 여성들을 찾아 그녀들만의 연대를 만들기로 결심했다. 그녀는 함께 있던 남자 동료들을 떠나 행사장에 있던 다른 여성들에게 인사를 건넸다. 그러면서 무언가가 바뀌기 시작했다. 여성이라는 정체성이 단점이 아닌 장점이라는 생각이 들었다. 집단에 맞추려고 노력하는 대신 돋보이는 모습 그대로를 받아들이기로 했다. 그 순간의 깨달음이 르네의 모든 것을 바꾸었다. 르네는 이제 업계의 여성으로서 여성을 위해 움직인 자로 이름을 남기고 싶었다.

이 변화로 르네는 하는 일에 더욱 강력한 목표를 갖게 되었다. 남편 커트를 대신해 회사의 대표가 되는 게 법적으로 유리하다고 판단되자 르네는 대표가 되는 데 동의했다. 곧 그녀의 영향력 있는 지위와 여성들을 향한 강력한 메시지가 사람들의 주목을 받게 되었다. 르네는 기업 및 비영리단체 이사회에서 활약해 줄 것을 부탁받기도 했고 전에는 없었던 대중 연설 기회도 얻게 되었다. 그녀는 또한 미연방항공청의 여성 자문위원으로 위촉되어 업계에 종사하는 여성 숫자를 늘리기 위한 다양한 자문을 항공청과 미 의회에 제공하고 있다. 이제 많은 여성이 여성의 권익을 위해 나서준 르네에게 감사를 표하며 그녀를 롤 모델로 삼고 있다. 전문 비행 조종사인 르네의 딸 역시 그중 하나다.

르네의 이야기는 우리에게 큰 감동을 준다. 무엇보다도 이 이야기에서는 그녀의 삶을 관통한 내레이터의 진화를 목격할 수 있다. 내레이터는 우리가 직면하는 모든 상황에 대처하기 위해 경험과 기억을 연결해 이야기를 만든다고 앞서 언급한 바 있다. 그녀의 내레이터도 한 가지 중요한 원천을 가지고 있었다. 그것은 바로 르네의 아버지가 건넨 강력한 격려의 말이었다. 그 문장 덕분에 르네는 고등학교와 대학교에서 멋진 생활을 할 수 있었다. 그러나 후회 없이 대학교를 중퇴한 후 결혼해 아이를 키우면서 르네의 내레이터는 새로운 정체성을 갖게 된다. 바로 전업주부라는 정체성이다. 그렇다 보니 직장 생활을 시작하게 되었을 때 그녀는 다소 위축되어 있었다. 회사에 상당한 기여를 하고 있었음에도 르네는 스스로를 외부인으로 바라보고 있었다. 그러다가 런던의 콘퍼런스 행사장에서 자신이 여성이고 업계의 비주류인 점이 걸림돌이 아닌 장점이 될 수 있다는 걸 깨닫는 순간이 온 것이다. 그러한 순간은 오랫동안 그것에 대해 생각한다고 해서 쉽게 찾아오지 않는다. 그 순간은 르네의 뇌 속 기본망이 수개월간 혹은 수년간 열심히 일한 결과이기도 하다. 수없이 많은 신경 연결고리를 만들고 르네의 삶을 제대로 이해하기 위한 방법을 찾아 헤맨 끝에 그녀의 작은 다이몬들이 결국 유레카의 순간에 다다른 것이다. P3파가 르네의 의식 세계를 뒤흔들어 거기서 새로운 아이디어가 탄생한 것이다.

이제 르네의 내레이터는 삶에 더 많은 자기 결정권을 부여하는 새로운 이야기를 만들었다. 이렇게 르네는 자신과 자신이 속한 세상에 대해 다르게 생각할 수 있게 되었다. 르네는 이제 스스로를 본인이 속한 업계의 리더이자 여성 사업가들의 리더로 인식하기 시작했다. 그건 그녀의 진짜 모습이기도 하다. 르네의 이 멋진 여정에는 많은 교훈이 있지만 가장 중요한 것은 바로 스스로에 대한 지금의 이야기에 전혀 얽매일 필요가 없다는 것이다. 당신은 당신의 내레이터를 훈련해서 더 새롭고 좀 더 진실에 가까운 이야기를 언제든 만들어낼 수 있다.

야간 운전을 하듯이

메건이 처음 대중 연설을 하기로 결정했을 때 그녀는 동조하지 않는 내레이터 때문에 골머리를 앓았다. 메건의 내레이터는 모두 알다시피 수년간 그녀가 대중 앞에서 입을 열면 일어날 수 있는 끔찍한 일들을 메건의 뇌 속에 집어넣고 있었다. 그녀는 숨이 막힐 수도 있고, 사람들의 비웃음을 사거나 망신을 당할 것이며, 말이 꼬이고 엉망이 되어가는 모습을 모든 이가 지켜볼 것이라는 공포에 사로잡혔다. 내레이터는 공포를 활용해 우리를 설득하는 데 일가견이 있다.

몇 주 동안 메건은 일전에 언급했던 긍정 언어를 계속 반복하면서 자신의 내레이터를 훈련하기 위해 노력했다. 이 방법은 어느 정도 성공하여 그녀의 불안도를 내려주었다. 그런데 연설을 하기 하루 전, 내레이터가 갑자기 저항하더니 예전의 공포와 실패에 관한 이야기를 들먹이며 그녀에게 전면전을 선포했다. 결국 메건은 마지막 사운드 체크 리허설 중 처절하게 무너졌다. 공황 상태가 되어 끔찍한 모습으로 오열하면서 그녀는 이 나라와 업계를 탈출할 계획을 세웠다. 메건은 팀과 가족을 망신시키고 회사를 망가뜨리며 스스로 웃음거리가 될까 봐 두려웠다. 그야말로 총체적 난국이었다. 다행히 여동생 메리가 그녀를 잘 달래주었다. 메리는 온종일 내레이터를 대신해 메건의 머릿속을 공포가 아닌 긍정적인 이야기로 가득 채워주었다. 그녀는 평정심을 되찾았고 잠을 청한 후 다음 날 스스로 상상했던 대로 무사히 연설을 마칠 수 있었다.

재미있는 점은 메건의 내레이터에게 이런 상황에 대한 대처 능력이 없었다는 것이다. 그녀는 공포와 실패의 이야기 한가운데 엄청난 성공의 자취를 남겼다. 그리고 뒤돌아보지 않았다. 기존의 이야기는 더 이상 유효하지 않았다. 메건이 새로운 이야기를 썼기 때문이다. 그 후에도 몇 번 더 그녀는 대중 연설을 했다. 긴장되는 건 여전했고 가끔은 갑자기 사람들의 시선이 느껴지면서 심장이 쿵쾅거릴 때도 있었다. 그러나 이제는 그저 웃어넘기며 연설을 이어갈 수 있다. 그녀의 내레이터가 다른 성격의 자료들로 이야기를 만들어내기 때문이다. 지금 메건의 기억은 실패와 공포가 아닌, 강연에 감명받은 청중과 자신이 무대를 누비는 모습으로 채워져 있다.

우리가 가장 원하는 것은 주로 불편함을 극복해야만

닿을 수 있는 저 건너편에 존재한다. 그리고 그 불편함을 가장 예민하게 느끼는 존재가 바로 우리의 내레이터다. 그러나 차근차근 새로운 경험을 저장고에 채워가면서 더 나은 자료를 제공하면 결국 내레이터는 더 나은 이야기로 우리에게 보답한다. 소설가 E. L. 닥터로(Doctorow)는 소설 쓰기가 마치 야간 운전과 비슷하다고 말했다. 헤드라이트가 비치는 곳까지만 간신히 볼 수 있지만 내내 그런 방식을 유지하면서 여행을 마쳐야 하기 때문이다. 삶도 마찬가지다. 두려운 하나의 문제를 해결하기 위해 애쓰면서 반복하다 보면 어느 순간 당신과 당신의 내레이터는 무사히 성공적인 이야기를 만들어낼 것이다.

큰 소리로 입 밖에 내기

마이클은 자신의 리더십이 성과에 미친 영향을 분석하라고 조언해 준 일린과 대면한 후 또 다른 내레이터 훈련 기술을 익혔다. 자신의 사업 성과에 대한 책임을 억지로 직면해야 했던 것과는 별개로 그 순간 그는 자신의 생각과 감정과 행동을 이끌었던 이야기들에

눈을 떴다. 무의식중에 그는 내레이터의 이야기를 그의 삶 모든 영역에서 절대적 사실이라고 받아들이고 있었다. 마이클은 이 사실에 대해 전혀 몰랐기 때문에 문제를 제기할 여지조차 없었다. 판매량이 떨어질 때 그는 경제를 탓했다. 건강 문제가 생겼을 때는 이 나이에 이 정도는 흔한 일이라고 생각했다. 극도의 스트레스에 시달릴 때는 어쩔 수 없는 일이라며 스스로 위로하곤 했다. 그는 이 모든 이야기를 철석같이 믿고 있었다.

그러나 일련의 질문을 받은 이후 마이클은 자신의 삶 거의 모든 영역에 이 이야기가 존재하고 있음을 깨닫게 되었다. 내레이터가 그간 '네가 할 수 있는 일은 아무것도 없어!'라고 말해왔기에 그는 자신도 모르게 직면한 문제를 수동적인 자세로 바라봐 온 것이다. 이제 그는 내레이터의 역할과 자신의 결정을 좌우하는 이야기에 대해 알게 되었고 그것을 분석할 수 있게 되었다. 마이클은 이 이야기가 어디서 비롯되었는지와 진실 여부, 그리고 그가 왜 그 이야기를 그동안 믿었는지에 대해 진정한 내면의 대화를 시작했다. 그리고 그 내면의 대화를 큰 소리로 말하면서 자신의 생각과 감정을 써 내려갔다. 이제 글 쓰는 일은 일상의 습관이 되었다. 그는 건강과 인간관계,

사업적 의사결정에 대해 스스로 결정하기 시작했다. 그의 성과를 가로막던 몇몇 믿음을 걸러내고 다른 믿음으로 대체했다.

지금 그의 삶은 최고의 상태다. 아내와의 관계도 그 어느 때보다 만족스럽다. 일적으로도 만족하고 있다. 이 모든 것은 마이클이 은연중에 진실이라고 믿었던 이야기의 실체를 깨달은 그 순간부터 시작되었다.

공포를 재정의하다

우리의 잠재력을 제한하는 것은 오직 우리의 상상력이다. 우리의 잠재력을 제한하는 이야기로부터 자유로워질 때 우리는 원하는 진전과 성취를 이룰 수 있다. 내레이터가 들려주는 이야기를 분석해 더 정확하고 유용한 방향으로 바꾸면 우리 삶의 행로를 바꿀 수 있다. 세상의 모든 위대한 혁신가들은 어떤 식으로든 이 방식을 활용했다.

세상은 멈추어 있지 않고 끊임없이 변한다. 매일이 새롭고 어제의 기적이 내일의 실패가 될 수도 있다. 이

전에는 효과적이었던 것이 더 이상 그렇지 않을 수도 있다. 이런 생각은 안정감과 확실성을 원하는 인간의 본성에 반하는 것이라 불안감을 유발할 수 있다. 우리는 이토록 원하는 안정감을 위해 매 순간 일어날 일을 미리 알 수 있기를 희망한다. 더 자신감 있게 행동하기 위해 확실성에 의존하는 것이다. 확실성이란 당신의 세계에서 마치 레고 블록 같다. 잘 조립된 레고는 흔들리지 않는다. 이를 통해 일정 수준의 안도감을 얻을 수도 있을 것이다. 제도는 흔들리지 않고 인간관계도 무너지지 않으며 당신의 세계도 결코 무너질 일 없다는 그런 안도감 말이다. 그러나 그렇다면 어떤 변화도 없을 것이다. 이런 정적인 세계에는 새로운 조합의 가능성도, 개선이나 성장의 가능성도 없다. 불안한 것은 사실이지만 불확실성은 적이 아니다. 불확실성은 혼란이 아닌 가능성에 초점을 맞추고 있기 때문이다.

모든 것이 역동적인 세계에서는 무엇이든 가능하다. 우리의 이야기를 다시 쓰겠다는 의지를 갖는 것은 확실성보다 훨씬 더 값지고 확고한 자산이다. 변화의 불가피성을 받아들이는 순간 더 이상 효과 없는 전략과 행동에 얽매일 필요가 없다. 대신 그다음에 일어날 일이 무엇이든 적절하게 대응하면 되는 것이다. 선택은 당신에게 달려 있다. 이런 선택을 하기 위해서 관점의 전환이 필요하다. 이 역동적인 과정과 새로운 해결책을 생각해 내기를 거부하는 이들은 지금의 모습에 계속 머물게 된다. 시간이 흐를수록 만족스러운 결과를 만들어내기는 어려워지고 더 큰 좌절만이 기다리고 있을 것이다. 결국 삶을 허투루 보냈다는 생각을 지울 수 없게 될 것이다.

이야기를 다시 쓰기 위해서 우리는 공포를 극복해야 한다. 반복해서 말하지만 이런 관점의 전환이 결코 쉬운 것은 아니다. 우리의 이야기가 삶을 돌파해 내는 데 더 이상 도움이 되지 않음을 인정하는 것은 엄청난 공포다. 마치 주변부에 서서 서성거리던 여성 사업가 르네처럼, 더 이상 현실을 반영하지 못하지만 익숙해져 버린 이야기를 고수하고 싶어질 수도 있다. 그러나 이건 선택의 문제다. 불확실성과 함께 변화의 가능성을 수용하지 않으면 점점 더 거짓같이 느껴지는 케케묵은 이야기에 발이 묶이는 것이다. 이런 선택은 비단 당신뿐만 아니라 많은 이들이 직면해 온 문제다. 수많은 혁신가 역시 불확실성을 선택해 왔다. 탐구하고 창조하고 변하고자 하는 강력한 의지를 가진 많은 이들이 같은 선택을 해왔다는 사실은 당신의 선택에 큰 도움이 될 것이다.

세상이 원래 변할 수 없는 것이라면 당연히 당신이라고 세상을 변화시킬 수는 없을 것이다. 그러나 관점을 바꿔 세상이 언제든 변할 수 있다고 생각한다면 당신도 현실을 변화시킬 수 있다. 그리고 그 순간 변화의 책임이 당신의 어깨 위로 떨어질 것이다. 그렇기에 우리가 소중히 여기는 것을 위해 행동하고 목표를 성취하기 위해 움직이며 끝내 성취를 이루어내기 위한 선택을 해야 한다. 궁극적으로 이 선택은 우리 자신을 위해 더 나은 미래를 만들어내는 행위다. 그리고 거기에는 직면한 문제를 정확히 이해하기 위해 나의 이야기를 분석해야 하는 의무가 있다. 분석 후에는 새로운 경로를 만들어내야 하는 어렵고 때로는 지루한 과제도 기다리고 있다.

더 나은 이야기를 만드는 초마인드의 힘

앞서 예로 들었던 17세의 암벽등반가 휴 허에게는 다리가 없는 자기 삶을 다시금 상상할 용기가 있었다. 그리고 그 용기가 만들어낸 엄청난 결과를 우리는 알고 있다. 자신을 산 아래 묶어둘 수도 있었던 예전의 이야기를 그는 거부했다. 휴는 더 나은 인공 다리라는 가능성을 상상해 내었고, 그 상상을 현실로 만들어 다시 암벽을 타기 시작했다. 진정으로 위대한 이야기가 아닐 수 없다.

그러나 휴의 이야기는 여기서 끝나지 않았다. 그는 이후 기계공학과 생물물리학을 공부했고 세계 최고 생체의학 인공기관 전문가 중 한 명이 되었다. 현재 휴는 MIT에서 인공 무릎과 발목을 개발해 다시는 걷거나 뛰거나 산을 오를 수 없다고 생각했던 이들의 이동성을 복원하는 일을 하고 있다. 휴는 의족 덕분에 걸음 양이 엄청나게 늘어나 몇 달 새 13킬로그램 가까이 살이 빠진 사람도 있고 더 이상 장애인 우대증을 사용하지 않는 사람도 있다며, 그가 만든 인공기관이 삶의 질에 막대한 영향을 미치고 있음을 깨닫고 있다고 말한다.

이후에도 휴는 삶의 이야기를 이어갔다. 휴는 21세기에 들어서면서 인공기관의 디자인이 좀 더 인체와 흡사해질 것으로 예상한다면서, 이제 인공기관이 환자의 남은 뼈 조직에 직접 삽입되고 더 이상 빠지지 않게 설계될 것이라고 주장했다. 게다가 전기적 연결 방식도 또 다른 대안으로 떠오를 것이라면서, 인간의 신경 체계가 인공기관의 합성 신경 체계와 직접 소통하게 될 것이라고 말했다. 휴 허의 머릿속에 떠오를 수 있는 이야기는 그야말로 무궁무진한 듯하다.

그렇다면 당신은 어떠한가? 우리는 당신을 이 엄청난 변화에 초대하고자 한다. 삶을 깊숙이 들여다보는 그 어려운 난제를 받아들이자. 그리고 당신 스스로 되뇌고 있는 이야기를 파악해 보자. 그 이야기를 분석한 후 더 진실로 느껴지는 이야기를 재설계해 보자. 가능성을 수용하고 불확실성에 도전해 보자. 당신을 수동적으로 만드는 공포에 저항하자. 변화에 기여하는 삶을 추구하자. 초마인드의 자세로 삶을 살아보자. 그러다 보면 어제와는 다른 내 모습을 발견할 수 있을 것이다. 오늘 불가능해 보이던 것들을 내일 성취할 수 있을 것이다. 당신의 이야기가 당신을 어디까지 이끌 수 있을지, 당신의 그야말로 무궁무진한 가능성이 궁금하다.

감사의 말

책을 쓴다는 것은 우리가 마지막쯤에서 설명한 타인의 지력을 활용하는 행동의 대표적인 사례다. 진정으로 독창적인 아이디어는 찾기 어렵다. 대부분은 다른 여러 개념을 조합해 만들어낸 것들이다. 특히 이 책에서 우리가 설명한 내용이 그러하다.

갭인터내셔널에서 일했던 몇 년간 나의 경영 코칭 강사를 담당했던 일린 뮤싱(Ilene Muething)은 내가 생각과 행동 그리고 결과 사이의 관계를 명확하게 볼 수 있도록 도와준 첫 번째 인물이었다. 일린은 나에게 다른 결과를 얻고 싶다면 다른 생각을 해야 한다는 것을 강조했다. 그녀의 가르침은 여전히 유효하다.

나의 딸 메건은 일린과 갭인터내셔널에서 일하는 또 다른 코칭 강사 낸시 슬론(Nancy Sloan)과 함께 일하면서 많은 것을 배웠다. 일린과 낸시는 성과를 낼 때 생각이 얼마나 핵심적인지를 알게 해주었다.

마찬가지로 우리는 브룩 카스티요(Brooke Castillo)의 연구 중 셀프 코칭 모형과 레너드 믈로디노와 마리아노 시그먼(Mariano Sigman)의 뇌과학 지침서에서 큰 도움을 받았다. 그 두 세계관이 맞닿는 순간 마치 이 책의 아이디어들이 잉태된 느낌을 받았다.

이 외에도 다음의 심화 자료에 열거된 수많은 작가와 사상가 그리고 그 저서의 도움을 받았다. 그중 한 명인 앨런 제이컵스는 인간이 독립적이고 독자적으로 생각한다는 건 불가능하다고 못 박는다. 결국 우리는 모두 다른 이가 마련해 둔 기반, 다른 이가 걸어온 길, 다른 이가 생각해 온 아이디어 위에 우리의 생각을 얹게 되기 때문이다.

공동 저자인 우리 부녀의 생각을 하나로 모으는 일은 조엘 밀러(Joel Miller), 래리 윌슨(Larry Wilson), 그리고 제시카 로저스(Jessica Rogers)가 담당했다. 나는 조엘과 20년 넘게 함께 일하며 무려 아홉 권의 책을 함께 작업했다. 래리는 누구보다 훌륭한 크리에이티브 파트너다. 우리의 아이디어와 큰 틀을 그보다 잘 아는 이는 없다. 제시카는 편집 전문가로 함께해 오고 있다. 이 세 명이 대부분의 작업을 해냈으며 우리의 생각을 하나로 모을 수 있도록 도와주었다.

베이커퍼블리싱그룹(Baker Publishing Group) 소속 팀은 출판업계 최고의 드림팀이다. 우리를 믿어준 드와이트 베이커(Dwight Baker), 브라이언 보스(Brian Vos), 마크 라이스(Mark Rice)에게 감사를 표한다. 바브 반스(Barb Barnes)와 내털리 나이퀴스트(Natalie Nyquist) 역시 최고의 협업자들이다. 아울러 문제 제기를 통해 생각의 지평을 넓혀주고 우리의 목표를 지지해 준 얼라이브커뮤니케이션스 소속 문학 에이전트인 브라이언 노먼(Bryan Norman)에게도 깊은 감사를 표한다.

그리고 무엇보다 40년이 넘도록 옆을 지켜준 아내 게일에게 진심 어린 감사를 표한다. 아내는 나의 사고방식에 엄청난 영향을 미쳤다. 항상 나를 격려해 주는 동시에 평이하고 명료한 글쓰기를 강조했다.

메건 역시 남편 조엘을 소환하지 않을 수 없다고 말

한다. 책 출판 프로젝트가 있을 때마다 너무나 큰 도움이 되어줄 뿐만 아니라 그녀가 내레이터를 잘 통제하게끔 해주는 인물이기도 하다. 정말 최고의 인생 파트너가 아닐 수 없다.

마지막으로 전체 풀 포커스 팀에 감사의 마음을 전한다. 이미 언급한 분들 말고도 드앤 앤더슨(DeAnne Anderson), 코트니 베이커(Courtney Baker), 마이크 보이어(Mike "Verbs" Boyer), 수전 콜드웰(Susan Caldwell), 오라 코어(Ora Corr), 알레시아 커리(Aleshia Curry), 트레이 두나밴트(Trey Dunavant), 앤드루 포켈(Andrew Fockel), 내털리 포켈(Natalie Fockel), 앤토넷 가드너(Antonette Gardner), 더스틴 가이턴(Dustin Guyton), 존 해리슨(John Harrison), 브렌트 하이(Brent High), 애덤 힐(Adam Hill), 머리사 하얏트(Marissa Hyatt), 짐 켈리(Jim Kelly), 해나 리(Hannah Leigh), 엘리자베스 린치(Elizabeth Lynch), 애니 메이베리(Annie Mayberry), 리앤 무디(LeeAnn Moody), 러네이 머피(Renee Murphy), 로라 넬슨(Laura Nelson), 에린 페리(Erin Perry), 조니 풀(Johnny Poole), 캐서린 롤리(Katherine Rowley), 브라이언 션(Brian Shun), 브라이언 스타처스키(Brian Stachurski), 에미 탄케(Emi Tanke), 해나 윌리엄슨(Hannah

Williamson), 그리고 데이브 얜코이액(Dave Yankowiak)에게 감사의 말을 전한다.

이들이 있어서 우리 부녀가 잘하는 부분에 집중하면서 작업해 나갈 수 있었다. 지금껏 이렇게 훌륭한 팀과 일한 것은 처음이다.

그리고 마지막으로 지금까지 우리의 이야기를 들어준 독자들에게 감사하다. 앞서 이야기했듯이 우리는 당신의 무궁무진한 이야기가 언제나 궁금하다.

마이클 하얏트

심화 자료

이 책에서 다룬 주제에 대해 좀 더 자세히 알고 싶다면 말미의 참고문헌에서 충분한 지침을 찾을 수 있겠지만, 그중에서도 저자인 마이클 하얏트와 메건 하얏트에게 가장 큰 도움이 된 자료를 추려 추가 심화 자료로 모아보았다. 책에서 다룬 큰 주제별로 자료를 분류해 정리했다.

Gottschall, Jonathan, *The Storytelling Animal: How Stories Make Us Human,* Boston: Mariner Books, 2012.

Storr, Will, *The Science of Storytelling: Why Stories Make Us Human and How to Tell Them Better,* New York: Abrams Press, 2020.

1장 나를 지배하는 그 목소리: 인식하기

Barrett, Lisa Feldman, *How Emotions Are Made: The Secret Life of the Brain,* New York: Mariner Books, 2018.

_____, *7½ Lessons about the Brain*, New York: Houghton Mifflin Harcourt, 2020.

Buzsáki, György, *The Brain from Inside Out*, New York: Oxford University Press, 2019.

Dehaene, Stanislas, *Consciousness and the Brain: Deciphering How the Brain Codes Our Thoughts*, New York: Penguin Books, 2014.

_____, *How We Learn: Why Brains Learn Better Than Any Machine . . . for Now*, New York: Viking, 2020.

Fleming, Stephen M., *Know Thyself: The Science of Self-Awareness*, New York: Basic Books, 2021.

Frith, Chris, *Making Up the Mind: How Our Brain Creates Our Mental World*, Oxford: Blackwell Publishing, 2007.

Gazzaniga, Michael S., *Human: The Science behind What Makes Your Brain Unique*, New York: Ecco, 2008.

_____, *Tales from Both Sides of the Brain: A Life in Neuroscience*, New York: Ecco, 2015.

Goldstein, E. Bruce, *The Mind: Consciousness, Prediction, and the Brain*, Cambridge: MIT Press, 2020.

Lotto, Beau, *Deviate: The Science of Seeing Differently*, New York: Hachette Books, 2017.

Mlodinow, Leonard, *Elastic: Unlocking Your Brain's Ability to Embrace Change*, New York: Vintage Books, 2019.

_____, *Subliminal: How Your Unconscious Mind Rules Your Behavior*, New York: Vintage Books, 2013.

Pearl, Judea, and Dana MacKenzie, *The Book of Why: The New Science of Cause and Effect*, New York: Basic Books, 2018.

Ratey, John J., *A User's Guide to the Brain: Perception, Attention, and the Four Theaters of the Brain*, New York: Vintage Books, 2001.

Sigman, Mariano, *The Secret Life of the Mind*, New York: Little, Brown, and Company, 2017.

Tversky, Barbara, *Mind in Motion: How Action Shapes Thought,* New York: Basic Books, 2019.

2장 완벽한 시나리오는 없다: 질문하기

Bargh, John, *Before You Know It: The Unconscious Reasons We Do What We Do,* New York: Atria Paperback, 2017.

Blastland, Michael, *The Hidden Half: How the World Conceals Its Secrets,* London: Atlantic Books, 2019.

Jacobs, Alan, *How to Think: A Survival Guide for a World at Odds,* New York: Currency, 2017.

Kahneman, Daniel, *Thinking, Fast and Slow,* New York: Farrar, Straus & Giroux, 2011.

Kastor, Deena, and Michelle Hamilton, *Let Your Mind Run: A Memoir of Thinking My Way to Victory,* New York: Three Rivers Press, 2019.

Lakhoff, George, and Mark Johnson, *Metaphors We Live By,* Chicago: University of Chicago Press, 1980.

Macdonald, Hector, *Truth: How the Many Sides to Every Story Shape Our Reality,* New York: Little, Brown Spark, 2018.

Robson, David, *The Intelligence Trap: Why Smart People Make Dumb Mistakes,* New York: Norton, 2019.

Schulz, Kathryn, *Being Wrong: Adventures on the Margin of Error,* New York: Ecco, 2011.

Sibony, Olivier, *You're About to Make a Terrible Mistake: How Biases Distort Decision-Making—and What You Can Do to Fight Them,* Translated by Kate Deimling, New York: Little, Brown Spark, 2020.

Watts, Duncan J., *Everything Is Obvious: Once You Know the Answer,* New York: Crown Business, 2011.

3장 초마인드로 사고하라: 설계하기

Boaler, Jo., *Limitless d, aMind: Learn, Leand Live without Barriers,* San Francisco: HarperOne, 2019.

Bouquet, Cyril, Jean-Louis Barsou, and Michael Wade, *A.L.I.E.N. Thinking: The Unconventional Path to Breakthrough Ideas,* New York: Public Affairs, 2021.

Eagleman, David, and Anthony Brandt, *The Runaway Species: How Human Creativity Remakes the World,* New York: Catapult, 2017.

Goldberg, Elkhonon, *Creativity: The Human Brain in the Age of Innovation,* New York: Oxford University Press, 2018.

Grant, Adam, *Think Again: The Power of Knowing What You Don't Know,* New York: Viking, 2021.

Heffernan, Margaret, *Uncharted: How to Navigate the Future,* New York: Avid Reader Press, 2020.

Johnson, Steven, *Where Good Ideas Come From: The Natural History of Innovation,* New York: Riverhead Books, 2010.

Kaufman, Scott Barry, and Carolyn Gregoire, *Wired to Create: Unraveling the Mysteries of the Creative Mind,* New York: TarcherPerigee, 2015.

Klein, Gary, *Seeing What Others Don't: The Remarkable Ways We Gain Insights,* New York: Public Affairs, 2013.

Luca, Michael, and Max H. Bazerman, *The Power of Experiments: Decision Making in a Data-Driven World,* Cambridge, Mass.: MIT Press, 2020.

Martin, Roger, *The Opposable Mind: How Successful Leaders Win through Integrative Thinking,* Boston: Harvard Business Review Press, 2007.

Paul, Anna Murphy, *The Extended Mind: The Power of Thinking Outside the Brain,* Boston: Houghton Mifflin Harcourt, 2021.

Postrel, Virginia, *The Future and Its Enemies: The Growing Conflict over reativity, Enterprise, and Progress,* New York: Touchstone, 1999.

Ratey, John J., with Eric Hagerman, *Spark: The Revolutionary New Science of Exercise and the Brain,* New York: Little, Brown Spark, 2008.

Riel, Jennifer, and Roger Martin, *Creating Great Choices: A Leader's Guide to Integrative Thinking,* Boston: Harvard Business Review Press, 2017.

Sloman, Steven, and Philip Fernbach, *The Illusion of Knowledge: Why We Never Think Alone,* New York: Riverhead Books, 2017.

Thomke, Stefan H., *Experimentation Works: The Surprising Power of Business Experiments,* Boston: Harvard Business Review Press, 2020.

프롤로그: 뇌가 만들어낸 이야기는 전부 조작됐다!

1. See Bessel A. van der Kolk, *The Body Keeps the Score,* New York: Penguin, 2014.
2. See, for example, the recommendations in Karyn B. Purvis et al., *The Connected Child,* New York: McGraw Hill, 2007, pp.197~211.
3. Sebern Fisher, *Neurofeedback and the Treatment of Developmental Trauma,* New York: Norton, 2014.
4. Daniel J. Siegel is an important thinker and practitioner regarding the intersection of mind and narrative. See, for instance, chap. 31, "Narrative" in his book *The Pocket Guide to Interpersonal Neurobiology,* New York: Norton, 2012.
5. Neuron counts range from 86 billion to 128 billion. Why the discrepancy? It all comes down to how scientists do the counting. We'll be rounding our number to 100 billion. For

more on this, see Lisa Feldman Barrett, *7½ Lessons about the Brain,* New York: Houghton Mifflin Harcourt, 2020, p.147; and Carl Zimmer, "100 Trillion Connections: New Efforts Probe and Map the Brain's Detailed Architecture", *Scientific American, January,* 2011, https://www.scientificamerican.com/article/100-trillion-connections/.

6. Beau Lotto, *Deviate: The Science of Seeing Differently,* New York: Hachette, 2017, p.159.
7. Steven Johnson, *Where Good Ideas Come From: The Natural History of Innovation,* New York: Riverhead Books, 2010, p.46.
8. Timothy D. Wilson, *Redirect: Changing the Stories We Live By,* New York: Back Bay Books, 2015, p.71.
9. We should add that this is not in lieu of professional help. But if you have smaller-scale issues you can address on your own, this is an excellent way to do it that works in conjunction with professional help.

1장 나를 지배하는 그 목소리: 인식하기

뇌는 어떻게 이야기를 만들어내는가

1. Judea Pearl and Dana Mackenzie, *The Book of Why: The New Science of Cause and Effect,* New York: Basic Books, 2018, p.24.
2. Quotations from *Genesis 3:9~13.*
3. Pearl and Mackenzie, *Book of Why,* p.24.
4. Angus Fletcher, "Why Computers Will Never Read (or Write) Literature", *Narrative 29, no.1,* January, 2021, pp.1~28.

See also Angus Fletcher, "Why Computers Will Never Write Good Novels", *Nautilus*, February 10, 2021, https://nautil.us/issue/95/escape/why-computers-will-never-write -good-novels.

5. Leonard Mlodinow, *Elastic: Unlocking Your Brain's Ability to Embrace Change,* New York: Pantheon, 2018, p.78.
6. Mlodinow, *Elastic*, p.78. See also Rodrigo Quian Quiroga, "Concept Cells: The Building Blocks of Declarative Memory Functions", *Nature Reviews Neuroscience 13,* 2012, pp.587~597, https://doi.org/10.1038/nrn3251.
7. György Buzsáki, *The Brain from Inside Out,* New York: Oxford University Press, 2019, p.104, p.189, p.347.
8. Mlodinow, *Elastic*, p.78.
9. Paul Harris, as cited in Ian Leslie, *Curious: The Desire to Know and Why Your Future Depends on It,* New York: Basic Books, 2015, p.28.
10. Elkhonon Goldberg, *Creativity: The Human Brain in the Age of Innovation,* New York: Oxford University Press, 2018, p.36.
11. Matthew Cobb, *The Idea of the Brain: The Past and Future of Neuroscience,* New York: Basic Books, 2020, pp.344~347. See also Jonathan Gotschall, *Storytelling Animal: How Stories Make Us Human,* Boston: Mariner Books, 2012, p.97.
12. Michael S. Gazzaniga, *Tales from Both Sides of the Brain: A Life in Neuroscience,* New York: Ecco, 2015, p.150.
13. Gazzaniga, *Tales from Both Sides of the Brain,* p.151.
14. Gazzaniga, *Tales from Both Sides of the Brain,* p.153. See also Michael S. Gazzaniga, *Human: The Science behind What Makes Your Brain Unique,* New York: Harper Perennial, 2008, pp.294~300.
15. Gazzaniga named this function of the brain the Interpreter. To underscore the connection to what we're calling the

Narrator, remember what historian Albert Raboteau says: "Narration is . . . an act of interpretation." The Narrator/Interpreter is the sense-making function of the brain.
16. Mark Michaud, "Study Reveals Brain's Finely Tuned System of Energy Supply", University of Rochester Medical Center, August 7, 2016, https://www.urmc.rochester.edu/news/story/study-reveals-brains-finely-tuned-system-of-energy-supply.
17. Jon Hamilton, "Think You're Multitasking? Think Again", October 2, 2008, in Morning Edition, NPR, MP3 audio, 21:07, https://www.npr.org/templates/story/story.php?storyId=95256794.
18. Stanislas Dehaene, *Consciousness and the Brain: Deciphering How the Brain Codes Our Thoughts,* New York: Penguin Books, 2014, p.176.
19. Dehaene, "The Signatures of a Conscious Thought", *Consciousness and the Brain, chap. 4.*
20. Dehaene, *Consciousness and the Brain,* p.125.
21. Lisa Feldman Barrett, *How Emotions Are Made: The Secret Life of the Brain,* New York: Mariner Books, 2018, p.28; Goldberg, *Creativity,* p.84.
22. See Chris Frith, *Making Up the Mind: How the Brain Creates Our Mental World,* Malden, MA: Blackwell, 2007; and Andy Clark, *Surfing Uncertainty: Prediction, Action, and the Embodied Mind,* Oxford: Oxford University Press, 2016.

사실과 이야기는 완전히 다르다

1. Buzsáki, *The Brain from Inside Out,* pp.127~128.

2. Bret Stetka, "Our Brain Uses a Not-So-Instant Replay to Make Decisions", *Scientific American,* June 27, 2019. https://www.scientificamerican.com/article/our-brain-uses-a-not-so-instant-replay-to-make-decisions.
3. Buzsáki, *Brain,* p.122, p.124.
4. Buzsáki, *Brain,* p.124.
5. Buzsáki, *Brain,* p.126.
6. Frank Schaeffer, *Crazy for God,* New York: Da Capo, 2008, p.6.
7. Philip Roth, *The Facts: A Novelist's Autobiography,* New York: Vintage International, 1997, p.8.
8. S. I. Hayakawa and Alan Hayakawa, *Language in Thought and Action,* New York: Harcourt, 1990, p.19.
9. Alan Jacobs, *How to Think: A Survival Guide for a World at Odds,* New York: Currency, 2018, p.39.
10. Nicholas A. Christakis and James H. Fowler, "The Spread of Obesity in a Large Social Network over 32 Years", *The New England Journal of Medicine 357, no. 4,* 2007, pp.370~379, https://www.nejm.org/doi/full/10.1056/NEJMsa066082; and Nicholas A. Christakis and James H. Fowler, "The Collective Dynamics of Smoking in a Large Social Network", *The New England Journal of Medicine 358, no. 21*, 2008, pp.2249~2258, nejm.org/doi/full/10.1056/NEJMsa0706154.
11. James H. Fowler and Nicholas A. Christakis, "Dynamic Spread of Happiness in a Large Social Network: Longitudinal Analysis over 20 Years in the Framingham Heart Study", *BMJ 337,* 2008, a2338, https://www.bmj.com/content/337/bmj.a2338.
12. Jacobs, *How to Think,* p.87.
13. Steven Sloman and Philip Fernbach, *The Knowledge Illusion: Why We Never Think Alone,* New York: Riverhead, 2017, p.13.

14. Robert A. Burton, “Our Brains Tell Stories So We Can Live”, *Nautilus,* August 8, 2019, https://nautil.us/issue/75/story/our-brains-tell-stories-so-we-can-live.
15. Lotto, *Deviate,* pp.159~160.
16. Lotto, *Deviate,* pp.38~40.

파이프가 아닌 파이프

1. Jennifer Griffin Graham (@jgriffingraham), “My kid discovered you can photocopy anything and now he’s trying to prank me”, *Twitter,* July 17, 2021, 4:03 p.m., https://twitter.com/jgriffingraham/status/1416488778122866690; “5-Year-Old Kid Pranks Mother with ‘Photocopy’ of Socks, Twitter Left in Splits”, News18, July 20, 2021, https://www.news18.com/news/buzz/5-year-old-kid-pranks-mother-with-photocopy-of-socks-twitter-left-in-splits-3983990.html.
2. “The Treachery of Images, 1929 by Rene Magritte”, Rene Magritte: Biography, Painting, and Quotes (website), https://www.renemagritte.org/the-treachery-of-images.jsp.
3. Lotto, *Deviate,* 61.
4. David Deutsch, *Fabric of Reality: The Science of Parallel Universes—and Its Implications,* New York: Penguin Books, 1997, p.121.
5. Buzsáki, *Brain,* p.104. See also, as mentioned above, Frith, *Making Up the Mind,* and Clark, *Surfing Uncertainty.*
6. Deutsch, *Fabric of Reality,* p.121.
7. Frith, *Making Up the Mind,* pp.132~135.
8. Kenneth Craik, *The Nature of Explanation,* Cambridge, UK: Cambridge University Press, 1943, p.56. See also Cobb, *Idea of the Brain,* p.185.

9. Cobb, *Idea of the Brain,* p.185; and Buzsáki, *Brain,* p.102.
10. Running alternate stories in our minds allows us to test a hundred different strategies without significant consequences, whereas any one of them in actuality might be dangerous or destructive. "Let our conjectures. . . die in our stead", said philosopher of science Karl Popper, who is famous for another quip: "Good tests kill flawed theories; we remain alive to guess again."
11. Buzsáki, *Brain,* p.347.
12. Buzsáki, *Brain,* p.347.
13. Pearl and Mackenzie, *Book of Why,* pp.22~27.
14. Barbara Tversky, *Mind in Motion: How Action Shapes Thought,* New York: Basic Books, 2019, p.78, p.244.
15. Mariano Sigman, *The Secret Life of the Mind,* New York: Little, Brown, and Company, 2017, p.76; Leonard Mlodinow, *Subliminal: How Your Unconscious Mind Rules Your Behavior,* New York: Pantheon, 2012, p.89.
16. Goldberg, *Creativity,* p.161.
17. For more on this, see Stephen M. Fleming, "A Theory of My Own Mind", *Aeon,* September 23, 2021, https://aeon.co/essays/is-there-a-symmetry-be tween-metacognition-and-mindreading. See also Stephen M. Fleming, *Know Thyself: The Science of Self-Awareness,* New York: Basic Books, 2021, pp.55~74.
18. Barrett, *How Emotions Are Made,* p.28.
19. Alison Osius, *Second Ascent: The Story of Hugh Herr,* New York: Laurel, 1993, p.129.
20. "The Double Amputee Who Designs Better Limbs", interview with Hugh Herr, *Fresh Air,* NPR, August 10, 2011, https://www.npr.org/transcripts/137552538.

21. Osius, *Second Ascent,* p.146.
22. Osius, *Second Ascent,* p.149; "Double Amputee", *Fresh Air;* Eric Adelson, "Best Foot Forward", *Boston,* February 18, 2009, https://www.bostonmagazine.com/2009/02/18/best-foot-forward-february/.

2장 완벽한 시나리오는 없다: 질문하기

정신적 쳇바퀴를 경계하라

1. Krista Tippett, "Mary Karr: Astonished by the Comedy", *On Being with Krista Tippett,* October 13, 2016, produced by Chris Heagle and Zack Rose, podcast, 52:09, https://onbeing.org/programs/mary-karr-astonished-by-the-human-comedy-jan2018.
2. Barrett, *How Emotions Are Made.* See especially chaps. 2 "Emotions Are Constructed", 4 "The Origin of Feeling", and 6 "How the Brain Makes Emotion".
3. Carl R. Rogers, *On Becoming a Person,* [1961] New York: Houghton Mifflin, 1995, p.25.
4. Joanna Blythman, "Can Vegans Stomach the Unpalatable Truth about Quinoa?", *Guardian,* Jan. 16, 2013, https://www.theguardian.com/commentisfree/2013/jan/16/vegans-stomach-unpalatable-truth-quinoa.
5. Hector MacDonald, *Truth: How the Many Sides to Every Story Shape Our Reality,* New York: Little, Brown Spark, 2018, p.2.
6. Buzsáki, *Brain,* p.44.

7. Michael Blastland, *The Hidden Half: How the World Conceals Its Secrets,* London: Atlantic Books, 2019.
8. James Geary, *I Is an Other: The Secret Life of Metaphor and How It Shapes the Way We See the World,* New York: Harper Perennial, 2011, p.5.
9. George Lakoff and Mark Johnson, *Metaphors We Live By,* Chicago: University of Chicago Press, 2003, p.156.
10. David Robertson with Bill Breen, *Brick by Brick: How LEGO Rewrote the Rules of Innovation and Conquered the Global Toy Industry,* New York: Crown Business, 2013, 44ff.
11. Blastland, *The Hidden Half.* See especially chap. 3 "Here Is Not There, Then Is Not Now" and 5 "The Principle Isn't Practical".
12. Blastland, *Hidden Half,* p.81.
13. For more on this distinction, see Michael Strevens, *The Knowledge Machine,* New York: Liveright, 2020.

근거가 될 수 없는 직관

1. University of Leeds, "Go with Your Gut—Intuition Is More Than Just a Hunch, Says New Research", *ScienceDaily,* March 6, 2008, http://www.sciencedaily.com/releases/2008/03/080305144210.htm.
2. Buzsáki, *Brain,* p.91.
3. University of Leeds, "Go with Your Gut".
4. René Descartes, *Key Philosophical Writings,* Ware, UK: Wordsworth Editions, 1997, p.31.
5. Wayne P. Pomerleau, *Twelve Great Philosophers: A Historical Introduction to Human Nature,* New York: Ardsley House, 1997,

p.243.
6. Martin Robson and Peter Miller, "Australian Elite Leaders and Intuition", *Australasian Journal of Business and Social Inquiry 4, no. 3,* 2006, pp.43–61, https://researchportal.scu.edu.au/discovery/fulldisplay/alma991012820835502368/61SCU_INST:ResearchRepository.
7. Annie Murphy Paul, *The Extended Mind: The Power of Thinking Outside the Brain,* Boston: Houghton Mifflin Harcourt, 2021, p.21.
8. John Bargh, *Before You Know It: The Unconscious Reasons We Do What We Do,* New York: Atria Paperback, 2017, p.165.
9. University of Leeds, "Go with Your Gut".
10. Elena Lytkina Botelho et al., "What Sets Successful CEOs Apart", *Harvard Business Review,* May–June 2017, https://hbr.org/2017/05/what-sets-successful-ceos-apart.
11. Bargh, *Before You Know It,* p.157, p.173.

안 된다는 생각을 멈출 것

1. Chris Mellor, "Three Years In: Can Kurian Heal Sickly NetApp's Woes?", *The Register,* July 7, 2016, https://www.theregister.com/2016/07/07/george_kurian_reviving_netapps_zing/.
2. Martin J. Smith, "The Importance of Embracing Uncertainty", *Insights,* November 6, 2017, https://www.gsb.stanford.edu/insights/importance-embracing-uncertainty.
3. Amy Reichelt, "Your Brain on Sugar: What the Science Actually Says", *The Conversation,* November 14, 2019, https://theconversation.com/your-brain-on-sugar-what-the-science-

actually-says-126581.

4. Søren Kierkegaard, *The Sickness Unto Death: A Christian Psychological Exposition for Upbuilding and Awakening,* trans. Howard V. Hong and Edna H. Hong, Princeton: Princeton University Press, 1980, p.41.
5. Barna, "Americans Feel Good", Barna.com, February 27, 2018, https://www.barna.com/research/americans-feel-good-counseling/.
6. Karl Hille, "Hubble Reveals Observable Universe Contains 10 Times More Galaxies Than Previously Thought", NASA, October 13, 2016, https://www.nasa.gov/feature/goddard/2016/hubble-reveals-observable-universe-contains-10-times-more-galaxies-than-previously-thought.
7. See, for instance, C. S. Lewis's "Illustrations of the Tao" in *The Abolition of Man,* New York: HarperOne, pp.83~101.
8. G. K. Chesterton, *Orthodoxy,* Mineola, NY: Dover Publications, 2020, p.25.
9. Al Pittampalli, *Persuadable: How Great Leaders Change Their Minds to Change the World,* New York: HarperCollins, 2016, p.6.

3장 초마인드로 사고하라: 설계하기

예상은 언제나 보기 좋게 빗나간다

1. Buzsáki, *Brain,* pp.337~338.
2. Buzsáki, *Brain,* p.338.
3. Mlodinow, *Elastic,* p.95. Jacobs also discusses this relational

aspect of thinking in *How to Think.*

4. Jo Boaler, *Limitless Mind: Learn, Lead, and Live without Barriers,* San Francisco: HarperOne, 2019, p.3.
5. See Christopher Hitchens's comments about living "as if" in *Letters to a Young Contrarian,* New York: Basic Books, 2001, pp.35~39.
6. Martin E. P. Seligman, *Learned Optimism: How to Change Your Mind and Your Life,* New York: Vintage Books, 2006.
7. Goldberg, *Creativity,* p.158.
8. Gary Klein, *Seeing What Others Don't: The Remarkable Ways We Gain Insights,* New York: Public Affairs, 2013, pp.61~77.
9. Loizos Heracleous and David Robson, "Why the 'Paradox Mindset' Is the Key to Success", *Worklife,* BBC, November 11, 2020, https://www.bbc.com/worklife/article/20201109-why-the-paradox-mindset-is-the-key-to-success.
10. For more on this, see Margaret Cuonzo, *Paradox,* Cambridge, MA: MIT Press, 2014.
11. For more on this, see Jennifer Riel and Roger Martin, *Creating Great Choices: A Leader's Guide to Integrative Thinking,* Boston: Harvard Business Review Press, 2017.
12. Goldberg, *Creativity,* p.164.
13. Heracleous and Robson, "'Paradox Mindset.'"
14. Dan Kois, "Good News: Our Children Have Some Terrific Ideas for How to Get the Big Ol' Boat Unstuck from the Suez Canal", Slate, March 25, 2021, https://slate.com/news-and-politics/2021/03/cargo-ship-stuck-in-the-suez-canal-children-have-ideas-for-how-to-move-it.html.
15. Stefan Mumaw, "The Shape of Ideation", TEDx Talks, June 5, 2015, https://www.youtube.com/watch?v=BErt2qRmoFQ.
16. Mumaw, "Shape of Ideation".

17. See, e.g., Klein, *Seeing What Others Don't; David Eagleman and Anthony Brandt, The Runaway Species: How Human Creativity Remakes the World,* New York: Catapult, 2017; and Armand D'Angour, "Introduction", in Aristotle, *How to Innovate,* Princeton: Princeton University Press, 2021, esp. p. xvi.
18. Nitin Nohria and Michael Beer, "Cracking the Code of Change", *Harvard Business Review,* May–June 2000, https://hbr.org/2000/05/cracking-the-code-of-change.
19. Margaret Heffernan, *Uncharted: How to Navigate the Future,* New York: Avid Reader Press, 2020, chap. 4 "No Available Datasets".
20. Michael Luca and Max H. Bazerman, *The Power of Experiments:Decision Making in a Data-Driven World,* Cambridge, MA: MIT Press, 2020, pp.114~120.
21. Stanislas Dehaene, *How We Learn: Why Brains Learn Better Than Any Machine . . . for Now,* New York: Viking, 2020, p.205.
22. Dehaene, *How We Learn,* p.205.
23. The source of this quip is likely Nobel-winning economist Ronald Coase, famous for his Coase Theorem. See the comparable line in R. H. Coase, *Essays on Economics and Economists,* Chicago: University of Chicago Press, 1995, p.27.
24. Ivar Giaever, "Electron Tunneling and Superconductivity", Nobel Lecture, December 12, 1973, https://www.nobelprize.org/uploads/2018/06/giaever-lecture.pdf.
25. René Redzepi, *A Work in Progress: A Journal,* New York: Phaidon, 2018, p.92.
26. Redzepi, *Work in Progress,* p.171.
27. Redzepi, *Work in Progress,* p.102. See also Jeff Gordinier, *Hungry: Eating, Road-Tripping, and Risking It All with the Greatest Chef in the World,* New York: Tim Duggan, p.2019.

피드백 없이는 발휘할 수 없는 초능력

1. Michael Pollak, "Einstein Groupies", *New York Times,* August 10, 2012, https://www.nytimes.com/2012/08/12/nyregion/dissecting-the-einstein-riot-of-1930.html.
2. Frederic Golden, "Albert Einstein", *TIME,* December 31, 1999, http://content.time.com/time/magazine/article/0,9171,993017,00.html.
3. Walter Isaacson, *Einstein: His Life and Universe,* New York: Simon & Schuster, 2008, p.509.
4. Isaacson, *Einstein,* p.519.
5. Michio Kaku, *Einstein's Cosmos: How Albert Einstein's Vision Transformed Our Understanding of Space,* New York: Norton, 2005, p.46.
6. David Bodanis, *Einstein's Greatest Mistake: A Biography,* New York:Houghton Mifflin Harcourt, 2016.
7. Kenneth Mikkelsen and Harold Jarche, "The Best Leaders Are Constant Learners", *Harvard Business Review,* October 16, 2015, https://hbr.org/2015/10/the-best-leaders-are-constant-learners.
8. Anders Ericsson and Robert Pool, *Peak: Secrets from the New Science of Expertise,* New York: Houghton Mifflin Harcourt, 2016.
9. See Eli Pariser, *The Filter Bubble: How the New Personalized Web Is Changing How We Think,* New York: Penguin, 2011, chap. 4 "The You Loop".
10. Jon Gertner, *The Idea Factory: Bell Labs and the Great Age of American Innovation,* New York: Penguin, 2012.
11. Jan Smedslund, "The Invisible Obvious: Culture in Psychology", ed. by Kirsti M. J. Lagerspetz and Pekka

Niemi, *Advances in Psychology* 18, 1984: pp.443~452.
12. Duncan J. Watts, *Everything Is Obvious: Once You Know the Answer,* New York: Crown Business, 2011, chap. 1 "The Myth of Common Sense".
13. Jean-Louis Barsoux, Cyril Bouquet, and Michael Wade, "Why Outsider Perspectives Are Critical for Innovative Breakthroughs", *MIT Sloan Management Review,* February 8, 2022, https://sloanreview.mit.edu/article/why-outside-perspectives-are-critical-for-innovation-breakthroughs/.
14. Barsoux et al. "Why Outsider Perspectives Are Critical".
15. Barsoux et al. "Why Outsider Perspectives Are Critical".
16. Scott E. Page, *The Diversity Bonus: How Great Teams Pay Off in the Knowledge Economy,* Princeton: Princeton University Press, 2017.

뇌를 자유롭게 하라

1. Thomas S. Kuhn, *The Road Since Structure: Philosophical Essays, 1970 – 1993 with an Autobiographical Interview,* Chicago: University of Chicago Press, 2000, p.16.
2. Buzsáki, *Brain,* p.210.
3. Goldberg, *Creativity,* p.128.
4. Goldberg, *Creativity,* p.128.
5. Mlodinow, *Elastic,* p.119.
6. Mlodinow, *Elastic,* p.144.
7. Goldberg, *Creativity,* p.51, p.132.
8. Goldberg, *Creativity,* p.95.
9. Buzsáki, *Brain,* p.338.
10. Giorgio Vasari, *The Lives of the Artists,* trans. Julia Conaway

Bondanella and Peter Bondanella, Oxford: Oxford University Press, 2008, p.290. See also Mlodinow, *Elastic,* pp.126~127.

11. Nancy Coover Andreasen, quoted in Mlodinow, *Elastic,* p.121.
12. Goldberg, *Creativity,* pp.131~132, p.138.
13. Goldberg, *Creativity,* p.135.
14. Goldberg, *Creativity,* pp.131~132.
15. Brian McCullough, *How the Internet Happened,* New York: Liveright, 2018, pp.184~187.
16. Raquel Burrows et al., "Scheduled Physical Activity Is Associated with Better Academic Performance in Chilean School-Age Children", *Journal of Physical Activity and Health* 11 no. 8, 2014: pp.1600~1606, https://doi.org/10.1123/jpah.2013-0125.
17. John J. Ratey, with Eric Hagerman, *Spark: The Revolutionary New Science of Exercise and the Brain,* New York: Little, Brown Spark, 2008, p.5.
18. Ratey, *Spark,* p.5.
19. Ratey, *Spark,* p.51.
20. Mlodinow, *Elastic,* p.146.
21. Matthew Walker, *Why We Sleep: Unlocking the Power of Sleep and Dreams,* New York: Scribner, 2017.
22. Johnson, *Good Ideas,* p.31.

초마인드, 뇌는 언제나 우리 편이다

1. George Plimpton, "E. L. Doctorow, The Art of Fiction No. 94", *Paris Review* 101, Winter 1986, https://www.

theparisreview.org/interviews/2718/the-art-of-fiction-no-94-e-l-doctorow.
2. Eagleman and Brandt, *Runaway Species,* chap. 7 "Don't Glue the Pieces Down".
3. "The Double Amputee Who Designs Better Limbs", *Fresh Air.* For more on Herr and his accomplishments, see also Frank Moss, *The Sorcerers and Their Apprentices,* New York: Crown Business, 2011.

감사의 말

1. Jacobs, *How to Think,* p.39.

옮긴이 임윤진
한영외국어고를 졸업하고 이화여자대학교에서 영어영문학을 전공했다. 서강대학교 언론대학원과 한국외국어대학교 통번역대학원 한영과를 졸업한 후 서울시와 외교부 등 정부 기관에서 통번역사로 근무했다. 현재 출판번역에이전시 글로하나에서 인문, 소설 등 다양한 분야의 영미서를 리뷰, 번역하며 전문 영어번역가로 활동하고 있다.

내 안의 한계를 넘어서는 인생 전략

초마인드

초판 1쇄 인쇄 2023년 7월 28일
초판 1쇄 발행 2023년 8월 9일

지은이 마이클 하얏트, 메건 하얏트 밀러
옮긴이 임윤진
펴낸이 김선식

경영총괄이사 김은영
콘텐츠사업본부장 박현미
책임편집 백지윤 **디자인** 황정민 **책임마케터** 오서영
콘텐츠사업4팀장 임소연 **콘텐츠사업4팀** 황정민, 박윤아, 옥다애, 백지윤
편집관리팀 조세현, 백설희 **저작권팀** 한승빈, 이슬, 윤제희
마케팅본부장 권장규 **마케팅1팀** 최혜령, 오서영
미디어홍보본부장 정명찬 **브랜드관리팀** 안지혜, 오수미, 문윤정, 이예주
크리에이티브팀 임유나, 박지수, 변승주, 장세진, 김화정 **뉴미디어팀** 김민정, 이지은, 홍수경, 서가을
지식교양팀 이수인, 염아라, 김혜원, 석찬미, 백지은 **영상디자인파트** 송현석, 박장미, 김은지, 이소영
재무관리팀 하미선, 윤이경, 김재경, 이보람
인사총무팀 강미숙, 김혜진, 지석배, 박예찬, 황종원
제작관리팀 이소현, 최완규, 이지우, 김소영, 김진경, 양지환
물류관리팀 김형기, 김선진, 한유현, 전태환, 전태연, 양문현, 최창우
외주스태프 교정교열 박영숙

펴낸곳 다산북스 **출판등록** 2005년 12월 23일 제313-2005-00277호
주소 경기도 파주시 회동길 490 다산북스 파주사옥 3층
전화 02-702-1724 **팩스** 02-703-2219 **이메일** dasanbooks@dasanbooks.com
홈페이지 www.dasanbooks.com **블로그** blog.naver.com/dasan_books
종이 신승지류유통 **인쇄 및 제본** 한영문화사 **코팅 및 후가공** 제이오엘엔피

ISBN 979-11-306-4518-6(03190)

• 책값은 뒤표지에 있습니다.
• 파본은 구입하신 서점에서 교환해드립니다.